दिल है काफिर

कवि-लेखक
प्रेम भारद्वाज 'ज्ञान भिक्षु'

सम्पादक
डॉ. रेशमा अंसारी

सह-सम्पादक
श्रीमती बीना खन्ना

डायमंड बुक्स
www.diamondbooks.in

प्रकाशक : डायमंड पॉकेट बुक्स (प्रा.) लि.
X-30 ओखला इंडस्ट्रियल एरिया, फेज–II
नई दिल्ली – 110020
फोन : 011- 40712200
ई–मेल : wecare@diamondbooks.in
वेबसाइट : www.diamondbooks.in
संस्करण : 2026
मुद्रक : रेप्रो (इंडिया)

Dil Hai Kafir
By : Prem Bhardwaj 'Gyanbhikshu'
Edited by - Dr. Reshma Ansari
Co-editor - Smt. Veena Khanna

आभार

1. मन मीत कहां मिलता है यहां
2. दिल है काफिर
3. मेरा मौन बोलता है
4. मेरी उड़ान देखना

काव्य संग्रहों में अपने प्रथम गुरूजनों के साथ अपने माता-पिता (स्वर्गीय श्री मदनलाल भारद्वाज जी अपनी माता जी श्रीमती सुरेशी देवी को समर्पित करता हूं) मैं जो कुछ भी बन पाया उसमें अपने स्वर्गीय पिता जी और मेरी मां का जो हर क्षेत्र में आशीर्वाद, आशीष एवम् उनकी प्रकल्पित शुभकामनाएं है सब उन्हीं का परिणाम है, अतीत में जीवन सफर में अनगिनत प्रत्यक्ष अप्रत्यक्ष गुरु जनों से जितना भी निमित्त क्षमता मेरी थी ज्ञान प्राप्त हुआ उसी का यह परिणाम है के आज कुछ पुस्तकों के रूप में मैं अपने विचार, संस्कार, जीवन शोध, की परिभाषा अपने काव्यात्मक शैली से आम लोगों के लिए काव्य संग्रह के माध्यम से परिभाषित कर गजल कविताओं के स्वरूप प्रस्तुत कर सका हूं।

कुछ अतिविशेष व्यक्तित्वों का जिक्र कई रूप में विगत वर्षों की साहित्यिक और सामाजिक यात्रा के बाद करना स्वाभाविक और उचित लगता है कि मैं उन्हें तह दिल से कई वजहों से आभार व्यक्त करूं, यद्यपि उनका

प्रोक्ष अप्रोक्ष रूप से कविता गजल और साहित्य से चाहे सम्बन्ध ना भी रहा हो, परन्तु निम्न लिखित नाम मेरे जीवन में बहुत वजहों से प्रेरणास्रोत, कटू समालोचक, प्रेरक, भावनात्मक शक्ति के प्रतीक, यदाकदा अवसरों में काव्य प्रेरणा, जीवन के स्वरूप में सहयोगी, प्रोत्साहन करने वाले,सही और गलत का आभास दिलाने वाले, मुझे यकीन दिलाने वाले की मुझमें एक कवि, लेखक, एक रचनाकार है, मुझे सुन मेरे काव्य को रचनात्मक संरचना को सम्पूर्ण करने वाले, विभिन्न रूपों में मेरे आज के साहित्यिक व्यक्तित्व में असंख्य लोगों की स्वत सहभागिता बनी रही है जिनमें प्रोफेसर गीता सिंह (डायरेक्टर नहब) सर्व श्री प्रख्यात लेखक, (आई ए एस) बी वी शाल्वराज (कवि एवम लेखक हआई–रम–चौरी) श्रीमती शैल जैन (कवित्री एवम् माननीय न्यायाधीश) प्रो जे एल कौल (पूर्व कुलपति गढ़वाल विश्वविद्यालय) प्रो राजेश मोहन (पूर्व प्राचार्य ए आर एस डी कालेज) डां संदीप वोहरा (मनोचिकित्सक अपोलो अस्पताल दिल्ली) श्रीमती बीना खन्ना (प्रख्यात सम्पादक एवम् शिक्षाविद) श्री अविनाश पुष्करणा (लेखक, जी एस टी कमिश्नर) डां हरीश नवल, (वरिष्ठ साहित्यकार) मित्र मेरे समधी श्री इन्दरजीत शर्मा (समाजसेवी, न्यूयार्क अमेरिका) श्री शिवा सुब्रमण्यम, श्री बलदेव मुंजाल, (साहित्य प्रेमी) श्री हरनाम सिंह (समाजसेवी, साहित्य प्रेमी)श्री राजीव माथुर (साहित्य प्रेमी) श्री चन्दरबल्लभ नौगाई, (साहित्य प्रेमी) श्री सुरेन्द्र भारद्वाज,श्रीमती कमला भारद्वाज, श्री गौरव भारद्वाज, श्रीमती सतेश्वरी देवराडा, श्रीमती अस्वथी भारद्वाज, श्रीमती धनेश्वरी देवरानी, श्रीमती माहेश्वरी नौगाई, श्री तरूण शर्मा (अमेरिका) श्रीमती रीतू शर्मा भारद्वाज (अमेरिका) श्री सौरभ भारद्वाज, सुश्री रूपल भारद्वाज अनन्त संख्या में जीवन में काव्य जगत में सर्जन करते समय वजह और प्रेरणा या कई रूपों में मार्गदर्शन करते रहे हैं!

मैं सभी उपरोक्त और जो उपरोक्त लिखित नाम नहीं भी है जो जीवन के सफर में हर मोड़ पे कुछ नई कविताएं गजल लिखने को प्रेरित कर गए हैं मैं सभी हमसफरों का तह दिल से आभारी हूं उत्साह, प्रोत्साहन, व्यंग, तरंग, विवेचना, आलोचना, तर्क वितर्कों की वाणी,जीवन के सहज योग

प्रयोग, विषम और सम परिस्थितियों में जीवन के राग, सहयोग असहयोग का अलिखित ज्ञान, पीड़ा और खुशियों में अपनों और परायो की उल्लेखनीय भूमिका, जीवन के विभिन्न रागों के सूत्रधार बने यक्ष लोग,जाने अंजाने किरदारों का जीवन में प्रभावी भूमिका, अन्तर्मन में रम चुके विभिन्न घटना और दृश्यों के साथ लोग व्यवहार की अनुभूतियों का असर से निकली है गजल और कविताएं, उम्मीद है आप को पुस्तकों से कुछ जीवन के सूत्र प्राप्त होंगे, सभी अभिभूतियों का सदा आभारी रहूंगा उनके मार्गदर्शन के लिए धन्यवाद।

सम्पादकीय और भूमिका

आधुनिक दौर के गजलो, कविताकारों में प्रेम भारद्वाज ज्ञान भिक्षु की पहचान देश ही नहीं विदेशी मंचों से भी प्रखर हो रहा है, भूमिका में कुछ कहूं उससे पहले प्रेम भारद्वाज 'ज्ञान भिक्षु' जी को साहित्य जगत में विशेष और विशिष्ट स्थान प्राप्त हुआ है, आपको जानकर बहुत खुशी होगी के मैट्स विश्वविद्यालय रायपुर छत्तीसगढ़ के हिन्दी विभाग ने श्री प्रेम भारद्वाज 'ज्ञान भिक्षु' के अभी तक के लिखे साहित्य पर शोध पीएच.डी कोर्स करवाने का निर्णय लिया है, जो इस बात का द्योतक है की कविताएं और गजल का सफर अपनी उच्चाइयों को ना केवल छू रहा है अपितु लिखी गजलों पर पीएच.डी कोर्स होना प्रमाण है कि काव्य में लिखा साहित्य प्रेरित कर रहा है जिसका प्रचार प्रसार जिज्ञासुओं द्वारा उच्च शिक्षा में उपलब्धि और उपाधि में वर्णित होना एक साहित्यकार के लिए उच्चतम मानक होता है तो, मैं सभी पुस्तकों के सम्पादकीय काम में संलग्न रही हूं साहित्यिक यात्रा में इस उच्चतम शिखर के लिए कवि श्री प्रेम भारद्वाज 'ज्ञान भिक्षु' जी को हार्दिक बधाई शुभकामनाएँ देती हूं।

नई चारों पुस्तकें

1. मेरा मौन बोलता है,
2. मेरी उड़ान देखना,
3. मन मीत कहां मिलता है यहां
4. दिल है काफ़िर

में आप देखेंगे श्री प्रेम भारद्वाज 'ज्ञान भिक्षु' जी की पूर्व में आई कविताओं और ग़ज़लों ने एक लम्बी छलांग लगाई है जिसमें बहर में सदे

मिश्रो के साथ मतले के शेर हो या रदिफ और काफिया में बन्धी मुक्कमल गजल के मिजाज हो उच्च स्तर के बन पड़े हैं, कुछ गजलें तो जल्द आप देखेंगे कि गाने वालों की ज़ुबां पे थिरकती धुनों पर आप सुनेंगे, कलेवर और फ्लेवर दोनों चारों पुस्तकों में बेहतर प्रयोग और गजल की सहजता और जटिलता का समागम है, लेखन काव्य शैली चर्मोत्कर्ष पे पहुंच चुकी है, व्यंग, समाज की पीड़ा, कुरीतियों का विरोध, स्त्री विमर्श, राजनीति पे तंज, आईना दिखाती रचनाएं, कालजयी सुखन की खनक, मौलिकता की प्रखर ध्वनि, सांकेतिक भाषा प्रौद्योगिकी की मिसाल बनी रचनाएं, बेबाकी की बानगी, सम्बन्धों की काव्यात्मक अभिव्यक्ति, सामायिक विषयों पर सटीक टिप्पणी, रोचक काव्यात्मक व्यंजन नई शैली का अनुपादन, उच्च काव्य के प्ररिकल्पना को साकार करता काव्यात्मक गजल और काव्य संग्रहों की चार पुस्तकों का संकलन करना और सम्पादन के दौर हर पंगतियो को महसूस करना किसी जीवन गाथा जीवन शैली को अनुभव करने जैसा था, आप पाएंगे चारों पुस्तकें अलग अलग शीर्षकों के बाबजूद किसी व्यथा कथा और जीवन की सतही सच्चाई से मुखर होती किसी निरन्तर बहती नदी सा हर शब्द पंगती में कुछ जाती है,

जीवन के लगभग सभी पहलू को छू रही गजल और कविताएं मौलिक के साथ बहुत सार्थक भाव छोड़ने में कामयाब हुई है वो अलग बात है कि कुछ कविताएं कथन से प्यास भी बढ़ा देती है की आखिर एक ज़िन्दगी कैसी है क्या हैं हम, क्यूं ऐसा है, पर शायद यह कवि की शैली है पाठक आगे कुछ और कल्पना करता है की और क्या विशेष शैली में हो सकता है, शीर्षक आकर्षक ही नहीं अर्थ पूर्ण और रोचक है चारों पुस्तकें **1.** मेरा मौन बोलता है, **2.** मेरी उड़ान देखना, **3.** मन मीत कहां मिलता है यहां **4.** दिल है काफिर के साथ भविष्य में अन्य आने वाली सभी पुस्तकों के लिए शुभकामनाएं तथा बधाईयां देती हूं।

डॉ. रेशमा अंसारी

प्राध्यापक एवम विभागाध्यक्ष

हिन्दी विभाग मैट्स विश्वविद्यालय रायपुर छत्तीसगढ़

लेखक, समीक्षक, कवयित्री

अनुक्रम

दिल है काफिर

ग़ज़ल...

बिके नहीं, वरना हम भी लम्स के बाजार होते।
कीमतें होती, बोलियों से सूरते-ए-दीदार होते।।

चारागरों ने हिदायतें दी थी, ऐ इश्क बीमारी है।
तन्हा रहें, वियावानों में वरना हम बीमार होते।।

सूरतें बदलना नहीं सीखा कभी हमने यारों।
ऊँचे दर्जे के वरना हम भी तो फ़नकार होते।।

पा जाते सभी मँजिलें, कदमों में ऐ जहांन होता।
ज़मीर बेचकर, गर किसी के हाशिया-बरदार होते।।

सब मिल रहा था, बस, उसूलों से हम नहीं बदले।
हम होते बादशाह, गर ना साहिबे-किरदार होते।।

लम्स = मुहब्बत, चारागरों = चिकित्सक, हाशिया-बरदार = चापलूस, साहिबे-किरदार = चरित्रवान

तेरी चाहत कैसी

लुटे, भरे बाजार में तो खैरियत कैसी।
अजीज मेहरबान हैं, तो गैरियत कैसी।।

हम रिश्तों में खुदखुशी से फँसते रहे।
किस बात की करूँ फिक्र, हैरत कैसी।।

मैंने ही बुने थे जाल मुहब्बतों के, फिर।
उलझ गया हूँ, तो कोई शिकायत कैसी।।

कत्ल करना है तो कत्ल लगना भी चाहिए।
किसी तरह का रहम, कोई रियायत कैसी।।

हमें ही बख्श दिया, सब कुछ तमाम करके।
नफरतों के बीच में ये है, तेरी चाहत कैसी।।

रँजो-अलम का क्या है

रँजो-अलम का क्या है, आएगा चला जाएगा।
जी लो ज़िन्दगी आज जो है, कल पछताएगा।।

पल-पल में खुशियों के जखीरे देख सकते हो।
आज में सब है, आज फिर लौट के ना आएगा।।

सफ़र में हैं सब, कुछ देर के सब मुसाफिर यहाँ।
प्यार से या नफरतों से, सफ़र तो कट जाएगा।।

इक परिन्दे की तरह, कहाँ फिर रहा है दरबदर।
साज़ो-सामाँ सब तेरा ये यूँ ही धरा रह जाएगा।।

नेकी-बदी ले जाएगा बस, साथ अपने उसे यहां।
जो तेरा है आज वो, कल किसी का हो जाएगा।।

पैगामे-मुहब्बत देके जा, जमाना याद रखेगा तुझे।
रँक-राजा इक दिन, आखिर इक घाट में आएगा।।

रँजो-अलम = दुख-दर्द

संजीदा ना कीजिए

दुश्मनों के बीच हैं, दोस्त बन और रँजीदा ना कीजिए।
निभा चुका हूं दोस्ती, अब और शर्मिंदा तो ना कीजिए।।

बहुत बदनाम है, मुहब्बतों का जिक्र ना किया कीजिए।
गढ़े-दफ़न मुर्दा कहानियों को यूंही जिन्दा ना कीजिए।।

पर्दे का चलन माना, अब गए दिनों की बात हो गई है।
पर्दानसीन बनके गुनाहों को अपने पोसीदा ना कीजिए।।

सीधी सी बात है, करम का भी हिसाब किताब होता है।
बयानों से सही बात को अब यूं ही पेचीदा ना कीजिए।।

दिल के हवाले से हमें आखिर कब तलक लूटोगे तुम।
हम लुटकर भूल चुके, फिर हमें यूं सँजीदा ना कीजिए।।

रँजीदा = दुखी, पोसीदा = छुपाना, सँजीदा = गम्भीर

ग़ज़ल...

ग़मे-पिनहाँ बदस्तूर दिल को बेज़ार करे है।
इश्क फितरतन दिलफ़रोश इन्तजार करे है।।

आहिस्ता आहिस्ता मैं उसके दिल से निकलता।
कम्बख़्त दिल में धुआँ, बदन में खुमार करे है।।

मय़स्सर नहीं मुझे, मेरे रकीबों की मेज़बानी।
फिर भी ना जाने क्यों अज़ीज इन्तजार करे है।।

बढ़ जाती है प्यास, दिल ये काबू नहीं रहता।
मेरा हमनफ़स, मुझे जब जब इनकार करे है।।

पनाहे-जुह्द छोड़, डूब जा इश्के-तबाही में तू यार।
मर मिट के मिले शबाब, क्या दिले गराँबार करे है।।

गमें-पिनहाँ = आन्तरिक पीड़ा, गराँबार = बोझिल, पनाहे-जुह्द = परहेज़गारी की पनाह

शिगुफ़्तगी का दौर वो साथ लेकर चला गया

शिगुफ़्तगी का दौर वो साथ लेकर चला गया।
दर्दे-जिस्त यादों के वो मुझे देकर चला गया।।

दरीदा सा जिगर लेके कहाँ जाए कोई आखिर।
वो पैरहनी पे गहरा सा दाग लगाकर चला गया।।

लिबासों में लिपटा हुआ बदन दिल का गुलाम है 'प्रेम'।
तासीरे-ज़िन्दगी का आईना वो दिखाकर चला गया।।

गमें-जहां से क्या लेना, गमें-जानाँ की फिक्र कर।
वो महफिल में अजीज़ो से मिलाकर चला गया।।

शज़र का हाल तो पूछे कोई, तब क्या हुआ होगा।
नज़र से नज़र वो जो कातिल मिलाकर चला गया।।

तासीर = गुण, असर, दरीदा = फटा हुआ, पैरहनी = वस्त्र, शिगुफ़्तगी = खुशी, दर्द जिस्त = जीवन का दर्द

ज़िन्दगी इस कदर भी सख़्तजाँ क्यों है

ज़िन्दगी इस कदर भी सख़्तजाँ क्यों है।
मेरे ईमान का हर कदम रायगाँ क्यों है।।

जो हर बात पे कई राय दिया करता था।
आवाम की बेकद्री पे वो बेज़ुबाँ क्यों है।।

फौलाद से बावस्ता था ना, वो तो कल तक।
आज हर बात वो शीशा-मिजाजियाँ क्यों है।।

इँकलाब का परचम लिए फिरता था वो हरसूँ।
आज वो बात-बात पे झूठ का तर्जुमाँ क्यों है।।

जमीं से कारवाँ बनाया था जिसने अपने लिए।
आज हवा में सफर, उसका घर आसमां क्यों है।।

रायगाँ = व्यर्थ, शीशा-मिजाजियाँ = नाजुक, तर्जुमाँ = प्रवक्ता

लिखा क़रार रह गया

लुट गए सब सामाँ, बचा बस वक़ार रह गया।
जुबां से मुकर गए बस, लिखा क़रार रह गया।।

सियासत में हमने भी कुछ दिन कमज़र्फ गुजारे।
ज़मीर छलनी हुआ, दिल में बस गुब़ार रह गया।।

परवाज़ में शामिल है मेरे अज़्म की सदाकतें।
मैं उड़ गया, रकीबों का धरा हिसार रह गया।।

धूप की आगोश में पले हैं मेरे ख्वाबों के फूल।
पतझड़ सा झर गया, दिले-ए-बहार रह गया।।

मुक्तसर सी ज़िन्दगी, कितने ख्वाबों का बोझ है।
फक़त मंजिल से दूर इक कदम बार-बार रह गया।।

कमज़र्फ = ओछे, हिसार = घेरा, अज़्म = इरादे

हैं हर तरफ मयखोर

हैं हर तरफ मयखोर, पहले से मैख़ाने नहीं हैं।
लौ तो जलती है मगर, अब वो परवाने नहीं हैं।।

अब किसी ज़र्फ़-साकी से दिल भरता कहाँ है।
अब वो सुराही, झील सी आँखें, वो पैमाने नहीं हैं।।

सुना है पलभर आती, और चली जाती है मुहब्बत।
अब वो इन्तजार, वो नाज़, उस दर्ज़ा दीवाने नहीं हैं।।

ग़मगुसारों की बज़्म में अब कोई कीमत नहीं रही।
दिल्लगी का चलन है, अब कोई अफ़साने नहीं है।।

गलतियां हो जाती हैं, 'प्रेम' हम ग़लत कब थे मगर,
सौदा-ए-मौहब्बतें खतादारी कभी दुहराने नहीं हैं।।

ज़र्फ़-साकी = साकी का हौसला

अज़ब शहर है

अज़ब शहर है, यहां चरागों में रोशनी ही नहीं।
हुस्न है, इश्क है, फज़ाओं में आशिकी ही नहीं।।

सजा के बैठे हो अंनजुम में सितारे क्यों कर।
दिलों में जोश, अदाओं में शिगुफ़्तगी ही नहीं।।

फैसले तो हमारे हक में कभी नहीं होंगे यूं तो।
मुल्जिम है, पैरवी नहीं, हक में मुन्सिफ़ी भी नहीं।।

करने को कुछ भी नहीं हक़ में, क्या किया जाए।
ना खुद-खुशी होती, कर पाता खुद-खुशी भी नहीं।।

किस तरह समँदर के उस पार पहुँच पाऊंगा मैं 'प्रेम'।
ना सफ़ीना चलाना सीखा, आती शनावरी भी नहीं।।

फ़नकार समझ रहे हैं, सुखनवरों में मैं भी शुमार हूं?
करोगे ना मुहब्बत, समझ आएगी ऐ शाईरी भी नहीं।।

शिगुफ़्तगी = प्रफुल्लता, सफ़ीना = नाव, शनावरी = तैराकी

तेरी खुश्बू आ ही आती है

तेरी खुश्बू आ ही आती है, सदा तेरे किरदारों में।
भीड़ में, धूप में, छाँव में, दिखता है तू हजारों में।।

वो जो मोहसिन मेरे ख्वाबों को आजमाता रहा है।
तिजारत करके, वो बनकर रह गया इजारादारों में।।

अज़ब बात है, लोग सामने से मिलना नहीं चाहते।
सब ताँक-झाँक के खुश हैं दूसरे घरों की दरारों में।।

आदमी ही घर के अन्दर दरो-दीवार बना के रहा।
आदमी खुद अपना वजूद बाँट लेता है दीवारों में।।

खुशियाँ तलाश करने निकलता है हर कोई देखो।
घर-सा सुकून कहाँ मयस्सर होता है बाजारों में।।

मुक्तसर सी ज़िन्दगी, लाख ख्वाहिशों का जख़ीरा।
आदमी बिकने की होड़ में छपने लगा इश्तिहारों में।।

इजारादारों = ठेकेदारों

ऐ ज़िन्दगी!
तू मुझे कहाँ ले आई है

ऐ ज़िन्दगी! तू मुझे कहाँ ले आई है।
जिसे मिला उसके साथ में तन्हाई है।।

कहाँ गये वो लोग जो फरिश्तों में थे।
जो मिला यहां वही दौरे-खुदनुमाई है।।

शाखे-गुल पर हैं निगाहें सारे जमाने की।
परिन्दों ने शज़र की हर शाख आजमाई है।।

बे-करीने से बनी तस्वीरों को खरीदेगा कौन।
तारीफ़ फक़त बस इक हौसला अफ़जाई है।।

हज़्म होती है कहाँ, तारीफ किसी को मेरी।
हर किसी दिल का चैन मेरी जौके-रूसवाई है।।

मैकशों, खासो-आम को ही मैंखाने लेकर गए।
रिन्द हैं, हमें भी ले चलो, फिर हममें क्या बुराई है।।

दौरे-खुदनुमाई = आत्म-प्रदर्शन, बे-क़रीने = अव्यवस्थित बे-सलीका,
जौके-रूसवाई = बदनाम का शौक, रिन्द = शराबी

सुर्खियां मिली उसे काफ़िर-अदाई में

सुर्खियां मिली उसे काफ़िर-अदाई में।
कुछ नहीं मिलता है यहां पारसाई में।।

खुदा के दर पे हाजिरी कमतर सी हो गई।
सब बरकतें दिखने लगी जब नाखुदाई में।।

वफ़ा करेगा क्यूँ भला इँसान फिर कभी।
जब हसरतें पूरी होने लगी हैं बेवफाई में।।

अस्मतों को लूटना इतना आसान नहीं होता।
दामने-कातिल बच गया, खामोश हमनवाई में।।

हम जुर्म को जुर्म कहने से, कब तक बचें रहेंगे।
सच झूठ बन ना जाए कहीं हमारी बे-एतिनाई में।।

वक्त है सम्भल जा, मसलें सुलझाने की बात कर।
तीसरा जीत ही जाएगा इक दिन तेरी मेरी लड़ाई में।।

पारसाई = पवित्रता, बे-एतिनाई = उपेक्षा, लापरवाही,
हमनवाई = सहमति

ऐशकोशी में हम बहुत लुटे यारों के लिए

ऐशकोशी में हम बहुत लुटे यारों के लिए।
फूलों ने अश्क बहाए यहां खारों के लिए।।

नज़्रे-तग़ाफुल हैं हम उसके करम से माना।
कोई मरहम तो हो सीना-फिगारों के लिए।।

असरार बन गया तेरी उल्फ़त का हर शबब।
मुक्करर कर कोई दिन गुनाहगारों के लिए।।

उम्रे-दराज कट चुका है तेरे इन्तजार में तन्हा।
कोई आबे-हयात भेज दिल के मारों के लिए।।

दरे-बुतखाने में बसर कैसे करे कोई, मेरे मौला।
पैगामे-अमल का इशारा भेज, सितारों के लिए।।

राहे-नजात चाहता हूं अब तेरी इरफ़ाने जात से।
बचा नहीं है कुछ भी यहां ग़म-गुसारों के लिए।।

ऐशकोशी = भोग-विलास, नज़्रे-तग़ाफुल = उपेक्षा का शिकार, सीना-फिग़ारों = जख्मी दिलों, असरार = भेद, रहस्य, उम्र-दराज= लम्बा वक्त, आबे-हयात = अमृत, पैगामे-अलम = करम का सन्देश, राहे-नजात = मुक्ति मार्ग, नजात की राह, इरफ़ाने-जात = ब्रह्मज्ञान,

बे-जमीरी से तो है बगावत अच्छी

बे-जमीरी से तो है बगावत अच्छी।
कर्बला से तो है रिफ़ाकत अच्छी।।

कुफ्र कहने से कुछ नहीं हासिल।
कुछ नहीं बोलती, हुकूमत अच्छी।।

तनक़ीदों से दिल-गुबार निकले बस।
उसके दर पे पढ़ तू तिलावत अच्छी।।

दुरुस्त है तो, कुर्बान हो जाना अच्छा।
बे-जमीरी से तो है, खिलाफत अच्छी।।

लाख चीजों से भी जो बढ़कर होगी।
तेरी नफरतों से मेरी मुहब्बत अच्छी।।

रिफ़ाकत = दोस्ती, तिलावत = कुरआन पाठ

ना खुद में, ना उसमें

ना खुद में, ना उसमें, है कितना वक़ार देखना।
मिले जो किसी से तो उसका व्यवहार देखना।।

सूरतें और सीरतें बदलते रहते हैं यहाँ के लोग।
बदलती हैं किसकी फितरतें बार-बार देखना।।

सम्पूर्ण तो कोई भी नहीं है यहां सारे जहाँन में।
सुगंध फूलों की खुशबू में, क्यूँ कर खार देखना।।

मुहब्बतों से है आबाद ज़माने की हर फसल।
नफरतों की परवरिश में कहाँ वो धार देखना।।

यूंही मुसलसल चल रहा है ज़िन्दगी का कारवां।
नेस्तनाबूद होगी नफरतें, रहेगा बस प्यार देखना।।

मुसलसल = लगातार

तू ही अगर वफा है

तू ही अगर वफा है तो बेवफाई क्या है।
तू ही अगर खुदा है तो नाखुदाई क्या है।।

जुर्म की इन्तहां से गुजरती है जिन्दगानी।
तू अगर पाक-साफ है तो पारसाई क्या है।।

बिकने को है हर शख्स, हर चीज़ के हैं बाजार।
सियासत से बड़ी आज काफ़िर-जदाई क्या है।।

मोहताज है हर कबीर का कुन्बा स्याही के लिए।
तवज्जोह नहीं सुखनवर की, बे-एतिनाई क्या है।।

हाँ पे हाँ मिलाना नहीं आया तो हम कल़मकार नहीं।
इकबाल लिखने वाले, हुकूमत से हमनवाई क्या है।।

पारसाई = पवित्रता, काफ़िर = देश से दगा, बे-एतिनाई = उपेक्षा
हमनवाई = सहमत होना

कौन, कब, क्या बन जायेगा

कौन, कब, क्या बन जायेगा, ये गर्दिशे-अय्याम है।
हमें सीख लेनी चाहिए, यही हर वक्त का पैगाम है।।

वक्त के आगे कोई भी नहीं यहां बलवान, फिर भी।
हम थकते नहीं कहते हुए 'प्रेम' मेरा कितना नाम है।।

कुदरत से डरना सीखिए, गुँगी सही, सुनती है सब।
रौंधते रहते हम उसे हरदम, त्रासदियाँ अन्जाम है।।

ढूंढ़ते फिर रहे हैं हम खुशियां यहां, वहाँ, आसमान में।
दिल के अन्दर ही सारे जहाँन का चैन और आराम है।।

खुदा सूरतें बदलता रहा, हम सीरतें बदल के जीते रहे।
पल भर का मेला ज़िन्दगी फिर, कौन खासो-आम है।।

रिवायतों के दौर में मुहब्बत भी कहाँ महफूज़ रह सकी।
मुहब्बत से कौन बच पाया, यहां किस पर नहीं इल्जाम है।।

गर्दिशे-अय्याम = समय-चक्र;

रूहें-गुलशन में रहा हूँ

रूहें-गुलशन में रहा हूँ, हमें जाने-गुलिस्तां कहिये।
दिल ठाठें फकीरी में रमा है, दिल को धुआँ कहिए।।

बज़्म में हमको बुलाने का शबब इतना सा था बस।
हमको सुखनखोर, बज़्मे-तरब का ग़ज़लख्वाँ कहिये।।

आजकल हम बड़ी मुश्किलों से बसर कर पाते हैं।
हर तरह नफरतें बिक्री, किसे ना, तो किसे हाँ कहिए।।

छबिले लगाकर पानी पिलाया करते थे हमारे वालिद।
प्यासा मारने की जुगत में सब, अब इसे क्या कहिये?

अन्धेरों से बचा लाया तो उजालों ने नहीं बख्शा उसे।
इस मँजर को दौरे हकीकत, फ़र्के-यकीनो-गुमाँ कहिए।।

जहां दिलों का मिलना मुश्किल नहीं, ना मुमकिन हो।
जमात ऐसी चले भी साथ साथ तो क्या कारवां कहिये?

रूहें-गुलशन = गुलो की रूह; जाने गुलिस्तां = पुष्प वाटिका के प्राण; बज्मे तरब = खुशी की महफिल; सुखन खोर = ग़ज़ल प्रेमी; ग़ज़लख्वाँ = ग़ज़ल सुनने वाला; फर्के-यकीनो-गुमाँ = यकीन और गुमान में फर्क;

आख़िरश दिल किस क़दर रवाँ-रवाँ सा है

आख़िरश दिल किस क़दर रवाँ-रवाँ सा है।
हर कद्‌म इरशाद है, हरदम नया बयाँ सा है।।

फ़क़त शायर है जो दिल की बात करता है।
यहां हर कोई हर बात में वहमों-गुमाँ सा है।।

जौहरे-फ़न की वकालत नहीं करता है कोई।
इमानपरस्ती हर कदम यहां नश्तरे-जाँ सा है।।

नामूसे-खुदी के लिए क्या क्या नहीं करता हूँ।
मतलब के रिश्ते पल भर में सैले-रवाँ सा है।।

वक्त के वशीकरण में छुपी हुई हैं सब खुशियाँ।
मौज-रवाँ भी यहां अक्सर हमरँगे-फिजाँ सा है।।

आख़िरश = अन्ततः; रवाँ = बहना; इरशाद = कहना; वहमों-गुमाँ = भ्रम और अनुमान; जौहरे-फ़न = प्रतिभा; नश्तरे-जाँ = जान के लिए नश्तर; नामूसे खुदी = आत्म सम्मान; सैले-रवाँ = पानी का बहाव; मौजे-रवाँ = गतिमान लहर; हमरँगे-फिजाँ = पतझड़ के रँग सा;

मुझको बना के ग़ज़ल साथ ये सुख़न ले चलो

मुझको बना के ग़ज़ल साथ ये सुख़न ले चलो।
जीना है ज़िन्दगी तो साथ अह्ले-फ़न ले चलो।।

तन्हा सही खुदसे बात करने का मज़ा होता है।
बारहा तुम अपने साथ अपनी अंजुमन ले चलो।।

असलियत में सफ़र के साथ बस धोखा मिलेगा।
रहबर ना मिले सही, साथ कोई रहज़न ले चलो।।

मुख़्लिसों का जमाना कब का गुजर चुका यारों।
याराने-बावफ़ा से अच्छा है साथ दुश्मन ले चलो।।

बे-फिक्री-मुत्मुइनी में क्या मज़ा आएगा सफ़र में।
अपने जिगर की खाश साथ इक उलझन ले चलो।।

बरस में क्युं, मुहब्बत में ईद रोज़ मनाया करो हुजूर।
जानो-जिगर, हमसफ़र, साथ नशे-चिलमन ले चलो।।

अह्ले-फ़न = कलाकार; अंजुमन = महफिल; मुख्लिस = नि:स्वार्थ; बे-फिक्रे-मुत्मुइन = निश्चित, संतुष्ट;

अकेला ही निकल पड़ा हूँ

अकेला ही निकल पड़ा हूँ, जाना है बहुत दूर।
समन्दर है मेरे सामने, है हर तुफाँ मुझे मँजूर।।

लहरों को खबर है, हर बवन्डर की मुझ पे नज़र।
सफ़ीना लहरों के हवाले, उससे लड़ना है दस्तूर।।

हारना सीखा नहीं, किन्चित, जीत में सब सार है।
मार्ग कितना भी जटिल हो, मँजिल पाऊँगा जरूर।।

हिम्मत भी है, मकसद भी है, सामने मँजिल भी है।
ना थकने दूंगा, मुश्किलें करेंगी अब, मुझ पर गुरूर।।

आव्हान कर, दे खुद को नवल जोश का रसपान।
पा जाएगा शिखर, भर दे खुद में उम्मीद का सुरूर।।

सफ़ीना = कश्ती;

तू ख़ुदनुमाई के लिए पलता है क्यों

तू ख़ुदनुमाई के लिए पलता है क्यों।
रोशनी देगा नहीं, तो जलता है क्यों।।

नुक्ताचीनी तक तेरा किरदार है क्या?
है नुक्तारसो में नाम, तो डरता है क्यों।।

दस्तकों से कुन्डियाँ खुलती कहाँ हैं।
इश्क-गाजी, आह से मरता है क्यों।।

है अना की बात तो, तू आ जा सामने।
बे-मौत, यूं बेजारियों में मरता है क्यों।।

'प्रेम' रदिफों हूँ, या क़फ़ियों में मिलूँगा।
इश्क हूँ, मुहब्बत हूँ, तू जलता है क्यों।।

खुदनुमाई = आत्मप्रदर्शन; नुक्तारसो = समालोचक, काव्य की बारिकी समझने वाला; इश्क गाजी = मोहब्बत का सिपाही; अन = खुद्दारी; बेजारियों = कोप;

मेरा महजबीं चाहता तो था मैं फ़नकार बनूँ

मेरा महजबीं चाहता तो था मैं फ़नकार बनूँ।
दिल-फरोशी करूँ, मैं कूचा-ए-बाजार बनूँ।।

ना-अहलियों का जमाना है, उन्हीं के चर्चे हैं।
मैं क्यों भला फिर दानिशवरों का सरदार बनूँ।।

नाज़-वरदारी से सारी गुत्थियाँ सुलझ जाती हैं।
खुदगर्जियों के बीच मैं क्यों आखिर खुद्दार बनूँ।।

उसकी मुहब्बत है वो जाने किस तरह फ़ना हो।
खुदखुशी, खुदकुशी में मैं क्यों भला दीवार बनूँ।।

खुदशनासी लोग कहाँ मिलते हैं, अब जब्रकारों में।
'प्रेम' बाजार हूँ फिर मैं क्यों कर भला रवादार बनूँ।।

ना-अहलियों = अयोग्य; दानिशवरों = विद्वानों; नाज़-वरदारी = चापलूसी; खुदशनासी = कृतज्ञ; जब्रकारो = दमनकारी; रवादार = उदार;

आदमी ठोकरें खा के भी पुर-ख़तर नहीं होता

आदमी ठोकरें खा के भी पुर-ख़तर नहीं होता।
हर रहबर सफर में साथ, हमसफर नहीं होता।।

मर्ज़ का इलाज करे, दवाओं का असर होता है।
एक ही इन्सान सबके लिए चारागर नहीं होता।।

रँग बदलती दुनिया में किस तरह कोई याद रहे।
अब हर कोई शख्स तो साहिबे-नज़र नहीं होता।।

नींद भी हर फर्श, कालीन पे मयस्सर नहीं होती।
हर मकान, चारदीवारी, अपना सा घर नहीं होता।।

दुनिया के हर ऐशों-आराम, दौलत के गुलाम होते हैं।
मिला दे फिर माँ-बाप को, कोई ऐसा ज़र नहीं होता।।

पुर-ख़तर = परिपक्व; साहिबे-नज़र = गुण-दोष पारखी;
चारागर = चिकित्सक;

आद्दतन ही कुफ्र बोलता है

आद्दतन ही कुफ्र बोलता है, क्या अह्लले-जबाँ करे।
सियासत है उसकी जात, क्या बिनाए-गुलिस्तां करे।।

लड़ा रहा है हम-तुमको, हमपे हुकूमत करेगा फिर।
ऐशकोशी करेगा कल, जो आज हमसे गुजारिशाँ करे।।

हम खुद क्यों ना लिखा करें, अपने तकदीर की इबारतें।
वो सफ़ेदपोश क्यों हमारे मुकद्दर की सिफारिशाँ करे।।

इक पल गुलामी से अच्छा, दारो-रसन से हँसकर मरना।
फरियादी की ज़िन्दगी से तो बेहतर दोज़ख-जहाँ मरे।।

सब लूट कर चले जाते हैं, आवाम की उम्मीदों के घरौंदे।
कोई तो मसीहा आए, हमें सुने, कोई करम-फरमाईयाँ करे।।

अह्ले-जुबां = भाषाविद्; बिनाए-गुलसितां = बाग की बुनियाद; ऐशकोशी = भोग-विलास; दारो-रसन = फाँसी का फँदा; करम-फरमाईयाँ = मेहरबानियाँ;

बरसों के बाद फिर उसके दीदार हो गए

बरसों के बाद फिर उसके दीदार हो गए।
एक बार फिर से हम बे-वक़ार हो गए।।

तेरी बेवफाई भी कितना हसीन सितम है।
चाहे दिल लगाए, फिर बेगानावार हो गए।।

अंजुमन में फिर लौट वो नहीं आया कभी मगर।
हर शख़्स की निगाहों से हम होशियार हो गए।।

खूबसूरत धोखा है तेरा इश्क, सभी जानते हैं।
ये जानकर भी सब तुझ पे जाँ निसार हो गए।।

जाएं कहाँ, हर-सूँ तेरे जैसे ही हैं हर अजीज।
तू बस एक था, अब हर-सूँ तेरे दीयार हो गए।।

इश्क-फरेब जानता है, तू दिल-शिक़न करे कमाल।
कौन जाने, कितने, अब तक तेरे शिकार हो गए।।

बे-वक़ार = ना काबिल; दीयार = इलाके, क्षेत्र;
दिल-शिक़न = दिल तोड़ना;

अपने गुनाहों की मैं जरा हिफाज़त कर लूँ।

अपने गुनाहों की मैं जरा हिफाज़त कर लूँ।
सोचता हूं, कुछ दिन मैं भी सियासत कर लूँ।।

रोज़ ईमान के बाजार में बोलियां सुनता हूं।
सोचता हूं, कुछ दिन खुद से बगावत कर लूँ।।

बहुत हुआ दुश्मनों से रोज़ शिकायत करना।
सोचता हूं, रकीबों से क्यों ना रिफाक़त कर लूँ।।

उससे कह दूं, वो मुझे खामखाँ याद करता है।
मुसाफिर हूं, चलो! अपना दिल नफ़ासत कर लूँ।।

तमाम उम्र उसी का तो राज था मेरे वजूद पर।
तनक़ीद कर उसकी, खुद पर तो हुकूमत कर लूँ।।

फरेब सीखना चाहता था कई बरसों से लेकिन।
देर से समझा हूं, चलो! 'प्रेम' मैं भी मुहब्बत कर लूँ।।

रिफ़ाकत = दोस्ती; नफ़ासत = स्वच्छ, सफाई; तनकीद = आलोचना;

ज़िन्दगी में कोई ऐसा भी काम किया जाए।

ज़िन्दगी में कोई ऐसा भी काम किया जाए।
हमारे बाद भी हमारा एहतिराम किया जाए।।

खुद्फरोशी से कभी तो बाहर निकल प्यारे।
गैरियत को भी कभी तो सलाम किया जाए।।

अज़ीजों के किरदार किसी गैरों से कम नहीं।
क्या जरूरी है रकीबों को ही बदनाम किया जाए।।

नज़रों से उतार दे, उसे मौत खुद ही उठा लेगी।
जरूरी नहीं हर बात पे कत्लेआम किया जाए।।

उसके बाद मेरी कोई भी ख्वाहिश नहीं बची।
वो नहीं मिले तो खुद से इन्तकाम लिया जाए।।

जो है उसी में खुश रहूं, खुद पर करता रहूं गुमान।
हसरतों को क्यों कर भला बेलगाम किया जाए।।

एहतिराम = सम्मान;

जिस्त खूबसूरत हो जाती है, उसके आने से

जिस्त खूबसूरत हो जाती है, उसके आने से।
नई सहर सी हो जाती है, उसके मुस्कुराने से।।

कशतगाने-दर्द रह रह के बहरे-बेकराँ हो गया।
दिल-दरिया हो जाता है, उसके आजमाने से।।

रूदादे-जँग ना पैदा कर, मुहब्बतों को जीने दे।
जँग से दिल ना जीत सका कोई भी जमाने से।।

वक्त मुकर्रर है सबके आने-जाने का फिर, क्यूँ।
उलझना हमें, गुरूर क्यूँ है पलभर के फसाने से।।

मेरा मोहसिन पहला पत्थर नहीं फेंक सकता।
कोई फिर बच भी नहीं सकता उसे उकसाने से।।

सहर = सुबह; जिस्त = ज़िन्दगी; कशतगाने-दर्द = दर्द जो रुक-रुक कर हो; बहरे-बेकराँ = फैला हुआ समन्दर; रूदादे-जँग = युद्ध के हाल;

यूं भी नहीं कि हम कभी ग़मज़दा नहीं हुए

यूं भी नहीं कि हम कभी ग़मज़दा नहीं हुए।
बने दिलों के जाने यारा, बस ख़ुदा नहीं हुए।।

उठाए मसहलें हर वक्त, हमें दिल ने जो कहे।
सुर्खियां मिली किसी को, हम सदा नहीं हुए।।

सुर्ख तनवीर रही है हम पे बरसों बरस यहां।
अंधेरों की चाल से ये उजाले जुदा नहीं हुए।।

शौके-तामीर में मैंने कितने मकाँ बना लिए।
शिगुफ़्तगी है, शिद्दते ग़म हम अदा नहीं हुए।।

खुशबू हूँ, हर तरफ बिखरने का हुनर जानता हूँ।
मिला हूँ सबसे, कभी किसी पे फ़िदा नहीं हुए।।

तनवीर = चमक, रोशनी; शौके-तामीर = निर्माण की अभिलाषा;
शिगुफ़्तगी = खुशी; शिद्दते ग़म = पीड़ा की पराकाष्ठा;

खुद फँस गया हूँ, सबकी हिफाज़त करके

खुद फँस गया हूँ, सबकी हिफाज़त करके।
तन्हाई में रह रहा हूँ सबको रफ़ाक़त करके।।

मुसाफते-उम्र बे-सिम्त ही लेकर गई कारवां।
खुदा कहाँ मिला, मुझे उसकी इबादत करके।।

बात को कम में समझना, हुनर सीखो प्यारों।
मसहलें उलझते हैं बातों को वज़ाहत करके।।

हुस्न और इश्क की अपनी ही जुगलबंदी है।
सुर्ख रँगत में महकते दोनों नज़ाकत करके।।

इश्क लाइलाज रोग है, ये जानकर भी 'प्रेम'।
आखिर में सब लोग मरते हैं मुहब्बत करके।।

रफ़ाक़त = साथ चलना; मुसाफते-उम्र = ज़िन्दगी से दोस्ती;
बे-सिम्त = दिशाहीन; वज़ाहत = विस्तार से बात करना;

तालिम से बढ़कर लग रहे हैं तजुर्बाँ इन दिनों

तालिम से बढ़कर लग रहे हैं तजुर्बाँ इन दिनों।
अज़ब गज़ब लोग मिल रहे हैं मेहरबाँ इन दिनों।।

दिल भी कहाँ महफूज है अब राहजनों से यार।
दिल में घर बना रहे, नाख़्वाँदा मेहमाँ इन दिनों।।

सियासत बिक चुकी, धनपशुओं की हुई गुलाम।
इनके घर चिलम भर रहें मीरे-कारवाँ इन दिनों।।

नफरतों का बाजार गरम, सियासत ने कर रखा।
कोई सुनाता नहीं मुहब्बतों की दास्तां इन दिनों।।

याराने हुआ करते, गलियों में होती थी मुहब्बतें।
'प्रेम' ना जाने कहाँ गई वो नाजे दोस्ताँ इन दिनों।।

वतन को उलझाया सियासी सवालों के जाल में।
सबने सजा रखी है सियासत की दुकाँ इन दिनों।।

नाख्वादाँ मेहमाँ = बिन बुलाए मेहमान; मीरे कारवाँ = दलपति, नेतृत्वकर्ता;

इक खलिश सी अब भी बाकी है सीने में

इक खलिश सी अब भी बाकी है सीने में।
इक खुलूसे-इश्क कहीं गायब है नगीने में।।

तुम्हें मज़ा आया है कबूतरों को उड़ाने में।
शय्य़ाद ज़ाल ले के बैठा रहा पसीने में।।

तेरी मुक़दस यादों का कारवां नहीं जाता।
तू है कि ईद का चाँद सा, दिखा महीने में।।

तेरे दर पे कोई हाजिरी का दस्तूर है प्यारे।
रश्के-फिरदौस में हूँ, मिल दिले-मदीने में।।

चाके-सहर हो चुकी है अब नज़र आ मुझे।
तर्ज़े-जफ़ा छोड़, मज़ा आ रहा है जीने में।।

तू इक नशा, इक खुमारी का आलम भी है।
कितने मयख्वार मिट गए तुझको पीने में।।

खुलूसे-इश्क = प्रेम की निष्ठा; रश्के-फिरदौस = स्वर्ग भी जिसकी अभिलाषा करें; चाके-सहर = पौ फटना, सुबह होना; तर्ज़े-जफ़ा = अत्याचार का ढंग;

अपनी दास्तानें पढ़ोगे, कभी शबिस्तानों की तरह

अपनी दास्तानें पढ़ोगे, कभी शबिस्तानों की तरह।
हमें छूना मुमकिन नहीं होगा आसमानों की तरह।।

सारी जंजीरों को तोड़, इक नया रास्ता बना लिया।
घर जला कर, नया घर बनाया है दीवानों की तरह।।

भीड़ में भी कभी, हमने वजूद को खोने नहीं दिया।
हर हाल सुर्खियों में बने रहे, हम उन्वानों की तरह।।

पासवाँ भी नहीं, माना, हम तेरे हमसफ़र ना बन सके।
सफ़र में तेरे साथ चलते रहे है, निगहबानों की तरह।।

मजमून पढ़के बता देते हैं लोग ख़त में क्या लिखा है।
बज्म में जिक्र होता रहता है तेरा अफ़सानों की तरह।।

'प्रेम' मिल तो जा, कभी बहारों के मौसम में बरस जा।
आता है, तू चला जाता है उड़ते हुए तूफानों की तरह।।

शबिस्तानों = ख्वाब गाह, शयनागार; उन्वानों = शीर्षक;
पासवाँ = पहरेदार, रक्षक; निगहबान = पहरेदार;
मजमून = विषय वस्तु, लेख;

ज़िन्दगी की तलाश में मैं, कहाँ कहाँ नहीं गया।

ज़िन्दगी की तलाश में मैं, कहाँ कहाँ नहीं गया।
ज़िन्दगी चली गई, दिल का अरमाँ नहीं गया।।

हम जैसे लोग बरहम रहते हैं हर फिजाँ में भी।
खिजाँ आ गई, दिल से मीरे-कारवां नहीं गया।।

अश्के-शबनमी से निहकत की उम्मीद रखते हैं।
रूख़्सते है नूर, हुस्ने जुल्फें-दिलबराँ नहीं गया।।

फकीरी में सीख ली, फलों की नसलों को देखो।
अकेले चला हूँ, साथ में कोई कारवां नहीं गया।।

फक़त दो घड़ी का साथ है, हम-तुम जुदा होंगे।
वहां साथ में किसी का भी आशियाँ नहीं गया।।

हम याद बहुत आएंगे, आप लिख लो किताब में।
सब कुछ चला गया कभी नाज़े दोस्ताँ नहीं गया।।

बरहम = नाराज; मीरे-कारवां = नेतृत्वकर्ता, दलपति;
निहकत = खुशबू, सुगंध;

खरीद से ना मिले वो जेवर रखता हूँ मैं

खरीद से ना मिले वो जेवर रखता हूँ मैं।
क़ह्र-आलूदा मिजाजी तेवर रखता हूँ मैं।।

दौरे-सितम खत्म होने दो, नई सहर होगी।
ज़हर के घूँट पीने का जिगर रखता हूँ मैं।।

हर ठोकर पत्थर से लगे ये जरूरी नहीं है।
अनमोल हो साथ वही पत्थर रखता हूँ मैं।।

किस काम आएगी अकूत धन की इच्छाएं।
आखिरी साँस तक चले वो ज़र रखता हूँ मैं।।

नेकी बदी का खेल है ये ज़िन्दगी का मेला।
खुद के हर इक कदम पर नज़र रखता हूँ मैं।।

खुदा नेक बन्दो के लिए नया जहां बनाएगा।
अपनी इबादत, दुआओं में असर रखता हूँ मैं।।

क़ह्र-आलूदा = कहर में डूबे हुए;

है यहाँ भी तू, है वहाँ भी तू

है यहाँ भी तू, है वहाँ भी तू।
जँमी भी तू, आसमाँ भी तू।।

सफर भी तू, हमसफर भी तू।
मँजिल भी तू, कारवां भी तू।।

है राफ्ता भी तू और रास्ता भी तू।
मयकशी भी तू, कहकशां भी तू।।

नूरे मुहब्बत का मदीना है तू।
खिजाँ भी तू, गुलसितां भी तू।।

इश्क भी तू, है रकीबी भी तू।
हयाते ज़िन्दगी, दोजखाँ भी तू।।

ज़िन्दगी भी तू, है मौत भी तू।
शादबियाँ भी तू, शहराँ भी तू।।

रहबर भी तू, राहजनाँ भी तू।
लुटता भी है तू, पासवाँ भी तू।।

शिवाला, हिमाला भी तू, दर्रा भी तू।
बर्फ का ठेर तू है सैले-खाँ भी तू।।

सैले-खाँ = बहता पानी;

बहुत मुश्किल है जमाने में खुद को पारसा रखना

बहुत मुश्किल है जमाने में खुद को पारसा रखना।
इक फलसफ़ा है, मौत आने तलक हौसला रखना।।

मुहब्बत की जँग हो तो कायदों का भी क्या मतलब।
नामुमकिन है, ज़बानें-ख़ल्क़ से बचा मुआ़हिदा रखना।।

शिगुफ़्तगी मिलती खुदारा उससे मिलना हो तो, पर।
खुद आश्ना रहते, कैसे खुद को खुदा शनासा रखना।।

गुम जाती है इश्क में हूर की रँगत खुश-आमदिदी में।
होशोहवास की खबर, कैसे, अपने घर का पता रखना।।

फ़क़त जुबान से हो जाते थे किसी दौर सारे रिश्ते-नाते।
अब गवाही से मुकर जाते हैं, कैसे कोई फैसला रखना।।

आदमी अपनी बनाई हुई तस्वीरों को बेचकर के खुश।
खुदा की चीजों से फिर क्यों कर के कोई अना रखना।।

पारसा = सज्जन, पुरुष; फलसफ़ा = दर्शन; जबानें-ख़ल्क़ = आदमी की बात; मुआ़हिदा = समझौता; खुद आश्ना = स्वयं को जानना; खुदा शनासा = खुदा को पहचाने वाला; अना = अहँ, खूदी;

मुन्तजिर है तेरा

मुन्तजिर है तेरा, खड़े हैं दरबानों की तरह।
तू ख्वाब है कोई, मेरे अरमानों की तरह।।

मुहब्बत नदारत, दिल का इस्तेमाल कीजिए।
दिलों में गुबार भरे हुए हैं पैमानों की तरह।।

खोखले लोग, सुर्खियों में छाने लगे हैं, होड़ देखो।
अधूरे मज़मून की छप्पास, झूठे उन्वानों की तरह।।

शिद्दत पसन्द लोगों का गुजारा हुआ मुश्किल।
धन-पशु निगहल रहे उन्हें शबिस्तानों की तरह।।

अब किसी से दिल के जख्म दिखाने का दिल नहीं।
हमदर्द जिगर से पेश आए नमकदानों की तरह।।

तकनीकों का इस कदर हुआ है हम पर असर देखो।
इन्टरनेट अज़ीज, हम घर रह रहे हैं मेहमानों की
तरह।।

फकीरी में भी ऐशगाह यहां हमने ही बनाए, लेकिन
गनीमत है 'प्रेम' तुम बने मुहाजिद दीवानों की तरह।।

मज़मून = विषय वस्तु, लेख; उन्वान = शीर्षक; धन-पशु = पूँजीवादी; शबिस्तानों = ख्वाबगाह; मुहाजिद = सच के लिए लड़ने वाला;

बहुत दिनों के बाद...हाजिर हूँ

चलते फिरते मिल रहे हैं हमको फ़र्ज़ाने बहुत।
मज़म्मत के बाद वो लगे हमें अनजाने बहुत।।

मैनोशी का मजा उनकी आँखों का अलग ही है।
खुले हैं यूं हर राह पर कहने को मैख़ाने बहुत।।

दश्तो-दरिया का भरोसा ज़िन्दगी भर करते रहे।
मिलने को तो मिले हमको राह में नजराने बहुत।।

कीमत लगा बैठा है, वो हमें खरीदने आया तो है।
तश्नगी हो, प्यार में, बिक जाते यहां दीवाने बहुत।।

ग़मे-मतारिब रहना पड़ता है तरहदार को अब तो।
गर्दिशे-जमाना बनाता रहा है यहां अफसाने बहुत।।

फ़र्ज़ाने = बुद्धिमान; मज़म्मत = निन्दा; मैनोशी = मद्धपान, नशाखोरी; दश्तो-दरिया = रेगिस्तान और नदियां; ग़मे-मतारिब = प्रतिष्ठाओं की चिंता; तरहदार = माशूक, छबीले; गर्दिशे-जमाना = समय चक्र

ग़मे-ज़िस्त कब तलक तेरी ही हुकूमत होगी

ग़मे-ज़िस्त कब तलक तेरी ही हुकूमत होगी।
फ़ना न कर ये गुलिस्तां, तेरी गनीमत होगी

कुचल के मत जा ये दिल कभी काम आएगा।
टूटे हुए सामान की भी तो कुछ कीमत होगी।।

मयकदा गुलजार रहा है कुछ इन दिनों ज्यादा।
रिन्दों की इसके पीछे कोई तो हकीकत होगी।।

मुझे निस्बतों की बातों से ना डराया कीजिए।
राज आई ना मुहब्बत, तो इक नसीहत होगी।।

हर्फ़े-तलब जुबां पे चली आई तो क्या कीजिए।
जिस्त की उसको भी तो ज़रा सी जरूरत होगी।।

रज़ा नहीं है अभी, ऐतबार होने में वक्त लगता है।
मिलेगा वो यकीनन, कोई मिलने की सूरत होगी।।

ग़मे-ज़िस्त = परेशान ज़िन्दगी; निस्बतों = लगाव, सम्बंध;
हर्फ़े-तलब = इच्छा की बात;

ख़ामाख़ाँ ही इश्कों ग़म-दिल पालता रहा हूं मैं

खामाखाँ ही इश्कों ग़मे-दिल पालता रहा हूं मैं।
ख्वाहिशों का दम यूं-ही निकालता रहा हूं मैं।।

इल्तिवा करने की पुरानी आदत है मेरी यारों।
मस्हलें दिलों के बढ़ जाएंगे, मुहब्बत टालता रहा हूं मैं।।

मुझपे भी निगाहें एक दिन पड़ जाएगी उसकी।
दिल के मुद्दों को बेवजह ही उछालता रहा हूं मैं।।

मैकदे में पारसाई बने रहना, आसान नहीं होता।
'प्रेम' हर शै की शै को खुद में, ढलता रहा हूं मैं।।

शिकस्ते-जाम से पीने वाला यहां कोई नहीं है।
टूट-टूट के हर बार-बार फिर जुड़ता रहा हूं मैं।।

इल्तिवा = टाल-मटोल, स्थगन; पारसाई = पवित्रता;
शिकस्ते-जाम = टूटा हुआ प्याला;

यहां जी रहा है हर आदमी ख़ुद-सिताई में

यहां जी रहा है हर आदमी खुद-सिताई में।
खुदशनासी कर क्या करूं की खुदाई में।।

बावक़ारी में मुझको कहाँ यहां जीने दिया।
मुखातिब ज़िन्दगी रही है दर्द-आशनाई में।।

बहुत शोर था, ज़िन्दगी मुझे सुन नहीं पाई।
समझने लग गया हूँ ज़िन्दगी को बेनवाई में।।

हरसूँ अह्ले-करम, रँगत सी आ रही बुराई में।
कोई शिफ्त नज़र आती नहीं अब भलाई में।।

'प्रेम' सुर्खियों में सब निक्कमें छप रहे जबसे।
हमें पाक रह कर क्या मिलेगा इस पारसाई में।।

खुद-सिताई = आत्मप्रशंसा; खुदशनासी = आत्मसाक्षात्कार, स्वयं की पहचान; बावक़ारी = इज़्ज़त के साथ; दर्द-आशनाई = दर्द से परिचय; बेनवाई = खामोशी।

बस, मुसलसल चल रहा हूँ, मैं यहाँ पर इक जमाने से

बस, मुसलसल चल रहा हूँ, मैं यहाँ पर इक जमाने से।
सफ़र मकसद तक नहीं पहुंचा, किसी भी फ़साने से।।

नाखुदा ना जाने किधर ले जाएगा, अब मेरी कश्ती को।
मुझे तो चैन पड़ता है, उसके सजदे, उसके आस्ताने से।।

असरारे-जुनूँ खुदा जाने, ये मुझे क्या से क्या हो रहा है।
मैं जुड़ता जा रहा उससे, हर बार दिल के दर्रे टूट जाने से।।

हुक्में-जाँ-निसारी का आलम देखकर मैं हैराँ-परेशाँ हूँ।
फ़रेबे-सुकूनों-राहत मिलने लगी अब तो उसके रूलाने से।।

फायदा नहीं है अब किसी को सही रास्ता दिखाने में 'प्रेम'।
गँरा-ख़्वाबी में मुसलसल चला जा रहा इँसा, जगाने से।।

आस्ताने = दहलीज, चौखट; नाखुदा = नाविक; असरारे-जुनूँ = जुनून का राज; हुक्में-जाँ-निसारी = जान न्यौछावर का हुक्म; फ़रेबे-सुकूनो-राहत = आराम और चैन का भ्रम; गराँ-ख़्वाबी = गहरी नींद

आँखों को फिर से नए सपने सजाने दो

आँखों को फिर से नए सपने सजाने दो।
मुझे ज़िन्दगी के नाज-नखरे उठाने दो।।

मिले आज दोस्त तो पीने दे फिर मुझे।
ब़ज्मे-तकल्लुफ़ात के परदे गिराने दे।।

वो आ गए हैं फिर से दिल के दयार में।
हाथ भी मिलेंगे, मुझे नज़रें मिलाने दे।।

हम खरीदार हैं, हर कीमत पे खरीदेंगे।
उसको ज़रा वफ़ा की कीमत लगाने दे।।

आ तो गया है, वो अह्ले-कारवाँ के साथ।
दम-बखुद है, कोई उसे आबरू बचाने दे।।

ब़ज्मे-तकल्लुफात = शील-सँकोच की महिफल; दम-बखुद= हैरत में।

रहज़न मिल गया, सफ़र की क्या ख़बर करते

रहज़न मिल गया, सफ़र की क्या ख़बर करते।
रहबर भी मिले कितने, कोई तो क़दर करते।।

हमें कोई गिला क्यूँ हो, ऐ है अह्ले-करम उसका।
वो चाहें चाक दिल करके, हमें दिल नज़र करते।।

पासे वफ़ा, हर-नफ़स यहां कैसे-कैसे करे कोई।
शाख़ से टूटे पत्तों, टहनियों को फिर शज़र करते।।

बारे-मरहम जख़्म पे भारी हुआ जाता है इस कदर।
जिस्मो-जान को रूह से, ज्यादा पुख़्तातर करते।।

पत्थरों को उछालता रहता है मेरा हमसाया लेकिन।
आईने में खुद के किरदार को तो साहिबे नज़र करते।।

अह्ले-करम = मेहरबानी; पासे वफ़ा = वफ़ा का लिहाज;
हर-नफ़स = साँस, क्षण, लम्हा; बारे-मरहम = मरहम का बोझ;
पुख़्तातर = परिपक्व, सुदृढ़; साहिबे नज़र = गुण-दोष को पहचाने वाला पारखी;

मुमकिन है हम किसी के कभी काम आ जाऐं

मुमकिन है हम किसी के कभी काम आ जाऐं।
वो दिल दे ना सका तो, हिस्से कोई इल्जाम लगा जाऐं।।

वफ़ा भी ना काम आई तो, क्या कीजिए जनाब।
अहबाब अब मुहब्बत से अपने हाथों का जलाऐं।।

हम जबसे मुहब्बत की जदों से मुख्तार हो गए हैं।
जो कुफ्र भेजते थे, वो ही अब हमें देते हैं दुआएं।।

इन्कलाब का कोई परचम नहीं देखा है इन दिनों।
हर शख्स सिमट गया, कैसे अपना ईमान बचाऐं।।

सरहद के उस तरफ भी ज़िन्दगी बदहाल सी देखी।
हमसाया सुधरे, दहशते आतँक से हमको ना डराऐं।।

अहबाब = दोस्त; मुख्तार = आजाद;

रूठकर तेरा मान जाना, अच्छा लगा

रूठकर तेरा मान जाना, अच्छा लगा।
आसमां का सर झुकाना, अच्छा लगा।

खुदनुमाई छोड़, आईना तू देखने लगा।
तेरा रेत में नदियाँ बहाना, अच्छा लगा।।

नुक्ताची करना बहुत आसान काम है।
खुद कुछ बनके दिखाना, अच्छा लगा।।

रश्क तो होता है, तुझको बढ़ता देखकर।
तेरा किसी के काम आना, अच्छा लगा।।

तेरा हक़-गुफ़्तार के लिए लड़ जाना 'प्रेम'।
मेरे दिल पे तेरा ये निशाना, अच्छा लगा।।

कफ़स-वो-तँगदिली को छोड़ तेरा आना।
आसमां को छूके झुक जाना, अच्छा लगा।।

खुदनुमाई = आत्मप्रदर्शन; रश्क = ईर्ष्या; हक़-गुफ़्तार = हक के लिए बात करने वाला, सत्यवादी; कफ़स-वो-तँगदिली = छोटी सोच के पिजरा;

सरे-ब़ज्म वो कहता है हरजाई मुझको

सरे-ब़ज्म वो कहता है हरजाई मुझको।
खरीद के दिखाएगा वो सौदाई मुझको।।

खुलूस की नेमत बचा के रखी है मगर।
कलामे-सादगी हराती है परछाई मुझको।।

किसी के दर्द को साँझा समझ निभा जाता हूं।
इस तरह हरबार बचाती है खुदाई मुझको।।

ख़िरद पसन्द लोग हर बार जीत जाते हैं।
दिल हार के दे जाता है बेवफाई मुझको।।

क़दामतो को तोड़ने की सजा मिल जाती है।
स्याह छोड़ जाती है सुबह रोशनाई मुझको।।

फ़कत, ज़िन्दगी की भीड़ से इक शिकायत थी।
ईलाही चैन से भी कहां मिली तन्हाई मुझको।।

खुलूस = सत्यनिष्ठा; कलामे-सादगी = सादगी का कलाम, सादगी की इन्तहां; ख़िरद = अक्लमंद; क़दामतो = रिवायतों; ईलाही = ईश्वर;

अँजुमन में हर इक शख्स सवाली क्यों है?

अँजुमन में हर इक शख्स सवाली क्यों है?
मुहब्बतों का प्याला हर सूँ खाली क्यों है?

दौरे-पुरशोर में पहचान नहीं पाता हूँ सही।
हर शख्स अपने किरदार में जाली क्यों है?

कैफ़ो-मस्ती में गुम है सारे जहाँ की हस्तियां।
जरपरस्तो के घर पे ही रोज़ दीवाली क्यों है?

बागवाँ से शिकायत करूँ की, ऐ रिवायत है।
लुट रहे हैं गुल, तो गुलिस्तां का माली क्यों है?

फ़लसफ़ा ये है कि हमें प्यार से रहना चाहिए।
नफरती मँज़र, बना हर शख्स हलाली क्यों है?

दौरे-पुरशोर = शोर शराबे का दौर; कैफ़ो-मस्ती = नशा और मस्ती; जरपरस्तो = धनी लोग; फ़लसफ़ा = दर्शन;

हवादिस में चोट पत्थरों से खाकर के देखते

हवादिस में चोट पत्थरों से खाकर के देखते।
जख्मों से अपने दिल को सजाकर के देखते।।

दौरे सितम भी कितने दिले-जार कर गया है।
नादार से जरदार कभी तो निभाकर के देखते।।

गुमनाम परिन्दों से पासवाँ कभी नहीं मिलता।
शज़र की टहनियाँ कभी हिला कर के देखते।।

मन्दिर, मस्जिद में जरपरस्तों ने जर जखीरे दिए।
फुटपाथ पे किसी मासूम को हँसाकर के देखते।।

खामख्वाह ही चारासाज़ी में तुमने गुजार दी है।
ग़मगुसारो मुद्दा दिले-हक़ में उठाकर के देखते।।

जला दिया है चैनो-अमन को सियासत ने यहां 'प्रेम'।
दीया मुहब्बत का दिलों में जलाकर के देखते।।

हवादिस = परेशानियों में; दिले-जार = बीमार दिल, बेहाल दिल; नादार = गरीब; जरदार = धनी; चारासाजी = इलाज करने वाला, दवा देने वाला;

ढूंढ ले ढूंढ सके तो, मेरे बयान में क्या है

ढूंढ ले ढूंढ सके तो, मेरे बयान में क्या है?
हवा है, और बाकी आसमान में क्या है?

दरमियाँ रहती हैं मैं और मेरी तन्हाइयां।
तलाश कर, देख, और मकान में क्या है?

ताबीरों सा मिला था तेरा शौके-ज़जीर।
पूछा ही नहीं आखिर अरमान में क्या है?

क़लम, दवात, दीवान और कुछ यादें हैं।
मुसाफिर 'प्रेम' का और समान में क्या है?

सब कुछ भुला के फिर दिल उसी का है।
याद नहीं रहा, कहा, उसने कान में क्या है?

वफ़ा की उम्मीदों पे उसके करीब आया हूँ।
बावफा से ज्यादा घाटा इत्मिनान में क्या है?

ताबीर = स्वप्न फल; शौके-ज़जीर = इच्छाओं का दीप;

क़ाबिले-रहम है

क़ाबिले-रहम है, मेरी फितरते-मुहब्बत मौला।
बख्श देता तो ना बढ़ती दिलों में नफरत मौला।।

दौरे-गुलामी में मसावत की बातें बेमानी सी हैं।
सियासतदानों को गुलामी की है आदत मौला।।

दुश्मने-जाँ है जमाना मुद्दतों से मुहब्बत का यूं।
जैसे गुनहगार हो जहाँन की ये उल्फत मौला।।

सच को कहने में इंसान को क्यों डर लगता है।
झूठ से हार क्यों जाती है, यहां शराफत मौला।।

तिजारतों का करिश्मा भी कितना हसीं सा है।
झूठ बिकता है, सच को आती है आफत मौला।।

मसावत = बराबरी, एक जैसे अधिकार;

जीता है कहाँ आदमी

जीता है कहाँ आदमी इक दिल को हार के।
फ़ना हुआ आदमी का सर पैकर पे मार के।।

उल्फत में वादे तो कर गया मेरा हमनफ़स।
कहाँ ला सका कोई चाँद को नीचे उतार के।।

हदीसे-यार में नुक्तो-लब तक जले मेरे यार।
मिला क्या है मुझे, इतना खुद को सँवार के।।

शै नहीं बना मैं कभी सरे-बाजार में रहा तो हूं।
देखे हैं हमने भी कई, रात-दिन यूं गुजार के।।

गए तो गए शादाबियों के दिन सुहाने रात-दिन।
फिर कभी लौट के आए नहीं वो दिन बहार के।।

उसकी रँगो-बू नहीं गई, वो कब का चला गया।
चला गया है वो किस कद्र वादियां निखार के।।

पैकर = आकृति, रुप-राशि; हदीसे-यार = प्रेमी की चर्चा;
नुक्तो-लब = जुबान और होठ; शै = वस्तु;
रँगो-बू = रँग और खुशबू;

मेरा करते हैं वो कब तलक इन्तजार देखना है

मेरा करते हैं वो कब तलक इंतजार देखना है।
नफरतों के दौर में मुझे, उसका प्यार देखना है।।

लाँघता है कौन पहले दीवारो-दर, जो बीच में है।
हमें मिले दिलदार या कोई दिले-जार देखना है।।

हमदर्दों ने ही ग़म इस कदर बढ़ाए हैं मेरे यार।
मुझको नहीं कोई भी अब गमख़्वार देखना है।।

जिसे देखने को दिल ने सख्त ऐतराज किया था।
अब उसको ही दिल, कहे है बार-बार देखना है।।

जिहादे-मुसलसल चल रहा है मेरे वजूद होने का।
जमाने ने भी एक दिन पहले मेरा वकार देखना है।।

कई पैमाने लिए तोल रहे हैं, मुझको मेरे हमनफ़स।
किसी को फ़न, किसी को मुझमें ऐतबार देखना है।।

दिले-जार = बीमार दिल; जिहादे-मुसलसल = निरन्तर संघर्ष;

दर्द को हसीन समझ मैं पालता रहा

दर्द को हसीन समझ मैं पालता रहा।
क्यूँ बुतों को मैं रोज निखारता रहा।।

सब पे जज्बात का असर नहीं होता।
मैं पत्थरों की जात पिघालता रहा।।

मँजर बदला, पर मुक्कदर नहीं बदला।
यूं ही रहबर मेरी राह को सँवारता रहा।।

हार भी, जीत भी, जँग उसके लिए लड़ी।
जीत जाए वो बाजी मैं यूं ही हारता रहा।।

मैं वो नहीं, जो हूँ, यहां बदला हूँ बार-बार।
वक्त की कसौटी में खुदको ढालता रहा।।

मुल्तवी करता नहीं मुझे जफाओं से वो।
मेरे हर हुनर में वो कमी निकालता रहा।।

दुश्मने-जाँ बन गया जो महबूब था कभी।
पर्दा मैं जिसकी खाँमियों पे डालता रहा।।

मुल्तवी = स्थगित, खारिज;

रूदादे-ग़मे-पिन्हाँ को फिर से निखारा जाए

रूदादे-ग़मे-पिन्हाँ को फिर से निखारा जाए।
नया किरदार फिर से ज़िन्दगी में उतारा जाए।।

हमने अय्यारी से अपने फ़न को बचाए रखा है।
किसी और की फ़नकारी से हमें, ना सँवारा जाए।।

हाशिया-बरदार गुजरे वक्त में ना ले जा अब मुझे।
नाज़-बरदारों नक्श पुराना फिर ना उभारा जाए।।

दिलरूबा, दिलनशीं, हमनफ़स मेरे नाम नहीं हैं।
ये गुज़ारिश है 'प्रेम' को प्रेम के नाम पुकारा जाए।।

दिल-फरोशों से मैं इस बात पे ख़फा सा रहता हूं।
मयते-तिजारत को वफ़ा की राह ना गुजारा जाए।।

शौक से कीजिए हर काम जो जरूरी समझते हो।
इतनी दूर बनी रहे, जिसमें ईमाँ ना हमारा जाए।।

रूदादे-ग़मे-पिन्हाँ = छिपे ग़म की कहानी; अय्यारी = चालाकी, छल; हाशिये बरदार = चापलूस; नाज़-बरदार = नाज उठाने वाला, चापलूस; दिल-फरोश = दिल के सौदागर;

मुहब्बत कहाँ है, इश्क में सब्रो-सबात कहाँ है

मुहब्बत कहाँ है, इश्क में सब्रो-सबात कहाँ है।
मर-मिट जाना, इश्क में अब वो बात कहाँ है।।

बुनियादें-हवस से शुरू होती है मुलाकातें अब।
नजाकते-हुश्न, दिल से बजते साजे-हयात कहाँ है।।

फौरी बातें, सतही रिश्तों का चलन है आजकल।
तिजारतों का दौर है, दिले-नाजुक जज्बात कहाँ है।।

जाँ-निसारी का भी इक दौर हुआ है मुहब्बतों में।
अब अह्ले-खिरद का जमाना, कायनात कहाँ है।।

झूठ का इतना नशा है, पानी पीता है रिन्द लेकिन।
सच की बोतल में भी, सच का अब बात कहाँ है।।

सब्रो-सबात = धैर्य और दृढ़ता; साजे-हयात = ज़िन्दगी के साज; अह्ले-खिरद = बुद्धिमान, अक्लमंद;

नूरे-सहर आएगी, तब तलक तीरगी से काम ले

नूरे-सहर आएगी, तब तलक तीरगी से काम ले।
तिजारतों का दौर है, थोड़ा खिरद से काम ले।।

अदा-ए-फर्ज भी हो, अह्ले-वफा भी बन सकूं।
दो नाव में चल पाया कोई, तो उसका नाम ले?

बिकता है गर कोई जमीर तो खरीदा जाएगा।
बाजार में आ जाए वो अपना-अपना दाम ले।।

दो सूरतें होती हैं दिले-सुकून को पाने के लिए।
जवानी में मज़ा ले जा, या बुढ़ापे में आराम ले।।

दो रास्ते होते हरदम, हर मोड़ पे तू याद रखना।
इक छलक ही जाएगा, दो हाथों में मत ज़ाम ले।।

'प्रेम' दुनिया है सियानी, यहां कौन पहचानेगा तुझे।
पहचान खुद को, तू जान पहले गर्दिशे-अय्याम ले।।

नूरे-सहर = भोर की रोशनी; तीरगी = अन्धेरा; खिरद = अक्लमंदी; गर्दिशे-अय्याम = समय चक्र;

हर्फ़े-तसल्ली से वो ऐसी बात कर गया

हर्फ़े-तसल्ली से वो ऐसी बात कर गया।
दिले-सुकून में कोई खुराफात कर गया।।

रज़ामंद वो भी था, राज़े-दिल छुपा रहा।
तकरीर में भी वो कोई मुदारात कर गया।।

दर्दे-दिल जब्रे-मुसलसल से इतना गुजरा था।
जुर्म हद से गुजरा तो दिले-ईलाज कर गया।।

तीरगी खत्म करने की जद्दोजहद कबसे थी।
उजाला बनके आया वो, करामात कर गया।।

उल्फतों का दौर ना जाने कब आएगा फिर।
जन्मों तलक की वो भी मुलाकात कर गया।।

मुमकिन ना था वो मेरी तकदीर में भी होता।
मुहब्बतों की नज़रों से वो बरसात कर गया।।

हर्फ़े-तसल्ली = तसल्ली के बोल; मुदारात = आवभगत, आदर;
जब्रे-मुसलसल = निरन्तर अत्याचार, दमन; तीरगी = अन्धकार;

सच को सच कहूंगा, ख्याल, बनके ख्वाब हो गए

सच को सच कहूंगा, ख्याल, बनके ख्वाब हो गए।
जो झूठ को लेकर चले, सभी कामयाब हो गए।।

बाबस्तगी का जिक्र भी करना है बे-फजूल अब।
निस्बतों के हासिल यहां बस, कुछ अजाब हो गए।।

कहाँ साअते मिलती हैं, ज़िन्दगी में बार-बार 'प्रेम'।
ज़िस्त आई, चली गई, हम भी कितने नवाब हो गए।।

मिलता नहीं सुकूने दिल, मिले सामाँ ऐशोआराम के।
ना जाने किसकी तलाश में दिल ऐ इज़्तिराव हो गए।।

ग़मे-पिन्हाँ को छुपाने का हुनर सीखा नहीं हमने यार।
कहनी ना थी, कह दी, कहने की बात पे हिज़ाब हो गए।।

इश्क में मज़ा ही कहाँ आता है रिन्दों को आजकल।
शबाबे-हुस्न के हर रँग-नाज़ अब सब शराब हो गए।।

अज़ाब = बुराइयां; साअ़तें = शुभ अवसर; ज़ीस्त = ज़िन्दगी; इज़्तिराव = बेचैनी, बेताब; ग़मे-पिन्हाँ = आन्तरिक पीड़ा; हिज़ाब = सँकोच; रिन्द = शराबी;

जब आइना दिखा रहा था मेरा हमसफर मुझे

जब आइना दिखा रहा था मेरा हमसफर मुझे।
खा गई ना जाने क्यों कब, उसकी नज़र मुझे।।

मर्ज ला-इलाज तो ना था फिर भी ना जाने क्यूं।
दर्द से बचा ना सका फिर भी मेरा चारागर मुझे।।

आगोश में वो सरद हवाओं से मर गया लेकिन।
लिपटा ही नहीं हमनफ़स सोज़िशे-जिगर मुझे।।

हँस-हँस के मिल रहा था वो ग़मगीन दिलनशीं।
जाते हुए कर तो गया वो शख्स चश्मे-तर मुझे।।

अब रात है तो आ जाएगा फिर से उसका ख्वाब।
चुपके से देके जाएगा वो रोज इक नई सहर मुझे।।

सोज़िशे-जिगर = जिगर की जलन; सहर = सुबह

तू बता किस तरह से पेश आऊँ

तू बता किस तरह से पेश आऊँ।
तश्नगी है तो प्यासा रह जाऊं।।

तुझको तारीख याद रखेगी 'प्रेम'।
तुझे बता ढूंढ़ने किधर-किधर जाऊं।।

हंसी किरदार था तेरा हर दिन।
फ़न तुझसा मैं कहाँ से लाऊं।।

मैं तो पैकर में कैद था हर पल।
चाहा था रूह सा बिखर जाऊं।।

चारागर नहीं मिला कोई भी अच्छा।
जवानी में कैसे बे-इलाज़ मर जाऊं।।

पैकर = देह; चारागर = इलाज़ करने वाला;

इन्साफ कम हुए

इंसान कम हुऐ, लोग ज़रदार हो गए।
मुफलिस यहाँ और भी नादार हो गए।।

मुहब्बत भी किसी काम की नहीं रही।
दिल लगाने वाले भी दिले-जार हो गए।।

मय का नशा देखिए कितना हसीन है।
पंडित-मौलवी भी कुछ मैख़्वार हो गए।।

मेरी ग़ज़ल सुनाता है वो हर शहर में 'प्रेम'।
सुना है आजकल वो बड़े फ़नकार हो गए।।

रूखसारे-ग़ज़ल से उसे अब पहचानते हैं लोग।
मुहब्बत हुई उससे तो कुछ अश्आर हो गए।।

जरदार = धनी; नादार = निर्धन; दिले-जार = बीमार दिल;
अश्आर = शब्द का बहुवचन;

खूबसूरत...

खूबसूरत...
खुश्बू की तरह महकती फजाऐं,

आलौकिक...
पहाड़ के बदन की छटाऐं,

मदमाती...
मंदाकिनी की शिशु पर धाराऐं,

लहलहाती...
काफल, हीसौली, बुरांसी की कंदराऐं,

बलबलाती...
चसमों से निकलती अविरल धाराऐं,

चमचमाती...
ऊंचे शैलों की चोटियों पर हिम शिलाऐं,

हिमांशु, धरती उत्तराखण्ड पावन धरा।
शत् शत् शत् शत् नमन देव भूमि नमाऐ।

दादे-सुख़न मिलें तो

दादे-सुख़न मिलें तो, कोई ऐसी बात लिखा करूँ।
तुम हो अगर साथ तो उसे मुलाकात लिखा करूँ।।

उल्फ़त की अजमत उसके होने से ही तो बढ़ेगी।
खामखाँ मैं अपनी सोच को ख़्यालात लिखा करूँ।।

लग़ज़िशों पे नज़र रखता है उसे खूबियाँ नहीं दिखती।
उसकी इस अदा को मैं सितम-ए-ख़ैरात लिखा करूँ।।

तबसरा बना के छोड़ देगा वो मुझे सुबह सुर्खियों में।
तू बता किस तरह मैं अपने दिले-हालात लिखा करूँ।।

तू समझ ले ज़िन्दगी बस तेरे रहमों-करम पे हूँ जिन्दा।
तू कहे तो तेरे सितम की रात को शबे-रात लिखा करूँ।।

दादे-सुखन = काव्य प्रशंसा; लग़ज़िशों = कमियां; तबसरा = ख़बर; अजमत = महानता;

डरता हूँ मैं

डरता हूँ मैं, सख्तजाँ बनूं कैसे।
दिल की सूनूं, हुक्मराँ बनूं कैसे।।

यहाँ कोई मुझसे हमनवा नहीं है।
फिर मैं सबका हमजबाँ बनूं कैसे।।

गौरतलब नहीं है मेरे किरदार में कुछ।
फिर मैं जहाँ में दौरे-दास्ताँ बनूं कैसे।।

कभी सख्त वक़्त से रूबरू नहीं हुआ।
कसौटियों पे वक्त के इम्तिहां बनूं कैसे।।

'प्रेम' प्यार, मुहब्बत से राफ्ता रहा है मेरा।
सुर्खियों में हूँ आजकल, तल्खियां बनूं कैसे।।

हमनवा = सहमत; तल्खियां = कटुता;

मर्ज बढ़ता जा रहा है

मर्ज बढ़ता जा रहा है ये! चारागर कहाँ हो।
कुछ पत्थर जमा किए हैं, शीशागर कहाँ हो।।

हौसलों की फ़सल काट के पहुंचा तेरे शहर।
सफ़र में थक चुका हूँ मेरे हमसफ़र कहाँ हो।।

छाले दिखा दूं आ तुझे ऐ 'प्रेम' मैं मेरे पांव के।
मंजिलों के पास हूँ तुम मेरे रहगुजर कहाँ हो।।

अन्धेरों के साथ गुजरी है तमाम सफर ज़िन्दगी।
तुझे दरबदर ढूंढता रहा हूँ ये नई सहर कहाँ हो।।

चारागर = इलाज़ करने वाला; शीशागर = काँच का सामान बनाने वाला; रहगुजर = यात्रा, रास्ता; सहर = सुबह;

वो जानता है मुझे बरसों से

वो जानता है मुझे बरसों से, तो पहचाने भी।
मुझे दाद दे रहा है, मेरी हस्ती को माने भी।।

अक्लमंदी का दौरे-चलन है तंगदिली भी।
खर्च नहीं होते जल्दी से यहाँ फ़र्जाने भी।।

भरी हुई है मुकम्मल जिस्त से ये दुनिया 'प्रेम'।
छलक रहे है इधर-उधर इश्क से भरे पैमाने भी।।

ज़रा सा इश्क का मज़मा लगा के देखो तो सही।
ना जाने कहाँ से आ जाते हैं इश्क के परवाने भी।

फ़र्जाने = बुद्धिमान;

मुहब्बत भी बे-ज़मीर निकली

मुहब्बत भी बे-ज़मीर निकली,
मैं दिल में उसे पालता रहा।

अब होगा, तब होगा वो मेरा,
इल्तिवा रवैया वो टालता रहा।।

तल्ख हो गई ज़िन्दगी से,
जंग दिन-ब-दिन अपनी।

अना का बोझ था दिल पे,
क़िस्त दर मैं उतारता रहा।।

हिसार में घिर गया है,
शबब-ए-ज़िन्दगी मेरा माँझी।

मैं तमाम उम्र खुद को,
खुदपरस्ती से निकालता रहा।।

इल्तिवा = टाल-मटोल; अना = खुद्दारी; हिसार = घेराबन्दी;

फिर रास्ते में मिल गई ज़िन्दगी चलते-चलते

फिर रास्ते में मिल गई ज़िन्दगी चलते-चलते।
फिर रेत मानिंद फ़िसल गई ज़िन्दगी चलते-चलते।।

फिर दिल किया जी लिया जाए, लेकिन।
फिर इक घड़ी बदल गई ज़िन्दगी चलते-चलते।।

फिर किसी ने बांधे रखा इक पहलू।
फिर हाथ से गांठ खुल गई चलते-चलते।।

फिर सफ़र का बोझ हल्का हुआ था।
फिर हमसफ़र मिल गई ज़िन्दगी चलते-चलते।।

फिर दो क़दम पे आसमां मिल गया।
फिर बस धरा हिल गई चलते-चलते।।

कभी कभी ज़िन्दगी, कमाल करती है

कभी कभी ज़िन्दगी, कमाल करती है।
मेरे हर हुनर का इस्तेमाल करती है।।

मुझे कुछ नहीं देती है बदले में मगर,
मुझे तजुर्बेकारों में शुमार करती है।।

बेखबर हूँ ज़िन्दगी के अगले कदम से।
कभी मायूस कभी ये धमाल करती है।।

इक पल में छीन लेती है सारी
खुशियां।
अगले ही पल ये मालामाल करती
है।।

'प्रेम' ज़िन्दगी खूबसूरत है हर कदम, बस।
हौसलों का ये सदा इस्तकबाल करती है।।

खामोश रहकर वो किस्से सुना भी गए

खामोश रहकर वो किस्से सुना भी गए।
हम समझ भी गए, वो मुस्कुरा भी गए।।

कनखियों से नज़र मिल गई यकबायक।
जाने से पहले हमें, वो आजमा भी गए।।

एक टूटे शज़र से मुलाकात में पता चला।
लोग टहनियों को काट पत्ते जला भी गए।।

फलदार होना भी सजा बन गया आजकल।
फल तोड़कर शज़र को सारा हिला भी गए।।

मनुहार, गुहार क्या-क्या नहीं किया उससे

मनुहार, गुहार क्या-क्या नहीं किया उससे।
ज़िन्दगी अपने वक्त से आ कर चली गई।।

उसकी कहानी अलग, मेरी जुबानी अलग।
ज़िन्दगी क्या बला है बता कर चली गई।।

आज फिर धूल में सनी लिपटी, हंसती हुई।
फुटपाथ पे देह रैंगती छटपटाकर चली गई।।

कमाल करती हो ज़िन्दगी, हर मौसम में दंश।
धूप, बरसात, सर्दियों में आजमाकर चली गई।।

हिसाब क्या लगाना ज़िन्दगी

हिसाब क्या लगाना ज़िन्दगी,
तू ढूँढ़े है इक बहाना ज़िन्दगी।

रेतीली जमीन पे कश्तियाँ हैं,
रौंद करके है जाना ज़िन्दगी।।

रोज़ टूट जाता है, मैं बनाता हूँ,
रेत का है आशियाना ज़िन्दगी।

ख्वाब लेता हूँ आसमां के लिए,
है धरती पर ठिकाना ज़िन्दगी।।

तू कहाँ रहता है मेरे परवरदीगार,
कभी मेरे दर भी आना ज़िन्दगी।

ज़रा सी ख़ुशी, ज़रा सा आशना दे दे,
हर दम क्यूँ है 'प्रेम' निशाना ज़िन्दगी।।

बिजलयाँ गिरती हैं

बिजलियाँ गिरती हैं, हमको भी आदत हो गई।
वो नज़र आया, मुराद पूरी हुई, इबादत हो गई।।

तारीख-पे-तारीख, अरमाँ पर मुकदमें दर्ज हो रहे।
सांस लेने पर इजाजत, ज़िन्दगी अदालत हो गई।।

इंसाँ से इंसानियत का जज़्बा खत्म होता जा रहा।
स्वार्थ के परचम-परचम तले ये कैसी हालत हो गई।।

सियासत से बचके रहना शतरंज के तुम भी हो
मोहरे।
अमन पसन्द आवाम से शुरु फिर से शरारत हो गई।।

मुझे धोखे में रख या धोखा देता जा

मुझे धोखे में रख या धोखा देता जा।
है दुनिया का दस्तूर, हवा में बहता जा।।

पत्थर को भगवान समझती है दुनिया।
इँसाँ को इँसान कभी तो कहता जा।।

मां-बाप को बोझ समझ बैठे हो तुम।
जल्द तू बोझ बनेगा, दिन गिनता जा।।

हर राही एक फरिश्ता भी हो सकता है।
फिर मिले ना, हर मौज से मिलता जा।।

अटक गया, तो भटक न जाए मँजिल से।
तू दरिया है, हर दर्रे-राह से निकलता जा।।

ना खुद में, ना उसमें, है कितना वक़ार देखना

ना खुद में, ना उसमें, है कितना वक़ार देखना।
मिलो जो किसी से तो उसका व्यवहार देखना।।

सूरतें और सीरतें बदलते रहते हैं यहाँ के लोग।
बदलती है किसकी फितरतें बार-बार देखना।।

सम्पूर्ण तो कोई भी नहीं है यहां सारे जहाँन में।
सुगंध फूलों की खुशबू में, क्यूँ कर खार देखना।।

मुहब्बतों से है आबाद जमाने की हर फसल।
नफ़रतों की परवरिश में कहाँ वो धार देखना।।

यूं ही मुसलसल चल रहा है ज़िन्दगी का कारवां।
नेस्तोनाबूद होगी नफरतें, रहेगा बस प्यार देखना।।

मुसलसल = लगातार;

दरकते हुए विश्वास को अब

दरकते हुए विश्वास को अब, किस तरह सम्भाला जाए।
फरियाद है, मजहब–जात के मुद्दों को ना उछाला जाए।।

गँगा–जमुनी सँस्कृति सियासत की गिरफ्त में फँस रहा है।
मुहब्बत के सुनहरे ख्वाबों को फिर से कैसे पाला जाए।।

विष–पान करे कौन जब, सब अमृत की चाह लिए जाए।
मँथन किस तरह हो, कैसे फिर अमृत निकाला जाए।।

सत्ता–भोग–लाभ का ग्रहण लग गया है सियासत पर।
आखिरी घर तक फिर भला, किस तरह उजाला जाए।।

अधिकार मवेशियों तक के भी सियासत दान खा रहे हैं।
फिर लाचार इँसान के पेट में किस तरह निवाला जाए।।

दरख्तों का मिजाज़, पूछे तो कोई

दरख्तों का मिजाज़, पूछे तो कोई।
परिन्दे हैं कहाँ आज, पूछे तो कोई।।

इँकलाब का हर शख्स परचम लिए हुए।
इनकी भी है आवाज़, पूछे तो कोई।।

सुनता नहीं, समझता नहीं है मुझको।
है इसमें भी कोई राज, पूछे तो कोई।।

तनकीद कर रहा हूं अपने ही वजूद से।
क्यूँ हर लफ्ज़ है नासाज, पूछे तो कोई।।

मँजिल पर आ के मैं कभी ठहरता भी कहाँ।
अभी बाकी हैं कई परवाज़, पूछे तो कोई।।

बुलन्द आवाज़ से मसहला उठाना पड़ा।
ऐसे क्यों थे मेरे अल्फ़ाज, पूछे तो कोई।।

बेइन्तहां तुझे चाहा, इन्तहां हो गई

बेइन्तहां तुझे चाहा, इन्तहां हो गई।
नेकियाँ ना जाने क्यों गुनाह हो गई।।

धूल में मिलकर भी रँगत नहीं छोड़ी।
पत्थर की कीमतें बढ़ आसमां हो गई।।

सवालों में है उसका वजूद कई दिन से।
मुहब्बत की जुस्तुजू कोई दुकाँ हो गई।।

सलबटें दिख रही हैं चेहरे पे हर जगह।
नूरानियाँ ना जाने कब बेईमान हो गई।।

रिश्तों को निभाने का चलन चला गया।
आदमी की कीमतें बस सामान हो गई।।

सँग-दिल ने बेदिली से हमें सज़ावार कह दिया

सँग-दिल ने बेदिली से हमें सज़ावार कह दिया।
हमने निभाया शिद्दत से, जो किरदार कह दिया।।

उसने महफिर को सर पर उठा रखा है तब से।
दाद क्या दी, जबसे जुर्अत-फऩकार कह दिया।।

छुपा के रखा था महफूज़ जमाने की निगाहों से।
कमबख़्त ने वहीं मिस्त्रा सरे-बाजार कह दिया।।

जो ना कहने की दुहाई देता था मेरा अजीज़ मुझे।
वही तकिया कलाम वो आज बार-बार कह गया।।

रिश्ते निभा गया वो खुद अज़ीजों-रकीबों के सारे।
जुबान को तलवार, 'प्रेम' वो घर को दीवार कह गया।।

अंधेरे में मुझको उजालों का डर है

अंधेरे में मुझको उजालों का डर है।
मेरे घर के आसपास रहबरों का घर है।।

मुल्क जल रहा है, नफरतें फल रही हैं।
मुहब्बतों का वो रहनुमा किधर है?

सियासत दिलों में ना पलने दो प्यारों।
इंसानियत से बढ़कर कौन-सी ज़र है।।

मनसूबें रकीबों के कामयाब ना होने देना।
'प्रेम' भाईचारे पे हमारे दुश्मनों की नज़र है।।

तूने मुझे आइना दिखाया

आज फिर नया आसमां नज़र आया है।
मुद्दतों के बाद इक कारवां इधर आया है।।

सतरंगी सपनों में गुम था मेरा माझी कब से।
आज दरिया का पानी भी नीचे उतर आया है।।

जो भी हासिल है ज़िन्दगी तुझसे अब तक।
मेरा जमीर, मेरा वजूद, वो मेरा सरमाया है।।

लिख रहा हूं किस्से कहानी तेरी मेहरबानियों के।
बड़ी शिद्दत के बाद ऐ ज़िन्दगी तुझको पाया है।।

इक हाथ से दिया, दूसरे से ले लिया सबकुछ।।
इस तरह ज़िन्दगी तूने मुझे आइना दिखाया है।।

इक जमाने से

बहुत लापरवाह रहा हूँ इक जमाने से।
दिल लगाया नहीं किसी भी फसाने से।।

फर्ज की फसलों को बोया काटा है।
दर्द बढ़ते रहे, यहाँ हमदर्दों को बढ़ाने से।।

इक दिन दिल दिखा दिया इस दुनिया के।
अब रोज़ दिल दुखा जाते किसी बहाने से।।

मतलबी लोग बहुत अच्छे हुआ करते हैं 'प्रेम'।
बेमतलब दिल में नहीं रहते दिल लगाने से।।

दिल के कारोबार में तिजारत बड़ी जोरों पे है।
इश्क के बाजारों में कीमत वसूलते हैं दीवाने से।।

हर पल पिघल रहे

बदल रहा है जमाना, लोग चेहरे बदल रहे हैं।
पुराने सिक्के, नये-नये साँचों में ढल रहे हैं।।

आदमी बदल रहा है, नये वक्त की फ़ज़ा में।
फितरतें वही पुरानी, लोग चेहरे बदल रहे हैं।।

दीयों में तेल कम है, स्याह रात है अन्धेरी।
उम्मीदों की लौ के दिल में दीए जल रहे है।।

मुफ़लिसी का आलम कब जाने खत्म होगा।
नई सहर आएगी, हम ये सोच रोज चल रहे हैं।।

'प्रेम' हालात बदलने वाला धरती पे फिर आएगा।
इस आस में हम पत्थर, हर पल पिघल रहे हैं।।

निगेबान है कोई

निगेबान है कोई, मेरे साथ चलता है।
दीया है, वो हर हाल रोज जलता है।।

मुन्तज़िर है, वो लौट आएगा इक दिन।
सूरज डूबकर, रोज फिर निकलता है।।

मैंने पत्थर को देवता समझ पूजा यहाँ।
चलो देखते हैं, कब वो पत्थर पिघलता है।।

आदमी-से-आदमी को बड़ी नफरत क्यों है।
बढ़ते कदमों से आदमी इक-दूसरे से जलता है।।

मुहब्बतों से जहाँ भर में मैं सजदे कर जाऊँ।
'प्रेम' ऐसा ख्वाब मेरे दिल में कबसे पलता है।।

हम पछताएं बहुत

इत्मिनान करके जमाने पे हम पछताए बहुत हैं।
चेहरों को रंग बदलकर उसने हमें दिखाए बहुत हैं।।

गुत्थी सुलझाने गए थे मुखिया के दरबार पे हम।
पेंच उसने बातों से और ज्यादा उलझाए बहुत हैं।।

फलदार शजर को काटते हुए हाथ काँपते नहीं।
जिसकी छाँव, रसभरे फल सबने खाए बहुत हैं।।

गैरमतलब है हम किसी की आंखों में नहीं बसे।
इश्क की आग में यूं हाथ हमने जलाए बहुत हैं।।

हमपे फिदा सारे जमाऩे का हुस्नों नूरो जमाल हो।
ऐसी हसीं ख्व़ाब ख्याल रोज हमें आए बहुत हैं।।

इम्तिहान का कितना सुरूर होता है

इम्तिहान का कितना सुरूर होता है।
हर किसी को खुद पर गुरूर होता है।।

अमीर का गुनाह भी एक फैशन है।
गरीब होना भी एक कसूर होता है।।

आदमी है, तो ये आदमी की फितरत है।
कभी-ना-कभी वो बेवफा जरूर होता है।।

हम किसी से गिला शिकवा नहीं करते हैं।
हमसे तो अब साया भी दूर-दूर रहता है।।

हमसे अच्छा नहीं है जमाने में कोई 'प्रेम'।
यहां सबके दिल में भरा ये फितूर रहता है।।

मेरा क्या है

सब उसकी मन मर्जी से चलता है, मेरा क्या है।
हर पल उसके पैमानों पे चलता है, मेरा क्या है।।

मैं किरदार हूँ, ख्वाहिशों का तलबगार क्यूँ हूँ?
होना ना होना उसके हाथ है, इसमें मेरा क्या है।।

ये ज़िन्दगानी उसकी, मेरी हर कहानी उसकी।
सफ़र का हर पड़ाव उसने लिखा, मेरा क्या है।।

ना कुछ करूँ तो वो कुछ और कर गुजरता है।
कुछ करूँ तो होता है कुछ फिर, मेरा क्या है।।

जर, जमीं को बढ़ाता रहा हूँ तमाम उम्र भर मैं।
वो किसी की हो जाएगी तो फिर मेरा क्या है।।

यार यू हीं मुस्कुराना ठीक है क्या?

यार यू हीं मुस्कुराना ठीक है क्या?
हर दिल से दिल लगाना ठीक है क्या?

आजकल दिल से कोई मिलता कहाँ है?
दिल लगाकर भूल जाना ठीक है क्या?

एक अरसा हो चुका है, तुम कहाँ हो?
हर घड़ी मुझे आजमाना ठीक है क्या?

बाग से तोड़ ले जाएगा साथ, कोई सरफिरा तो?
मानिन्द फूलों के खिलखिलाना ठीक है क्या?

जख्म भर गऐ हैं, नमकदानों का क्या करें

जख्म भर गऐ हैं, नमकदानों का क्या करें
सांसें हैं गिनती की, अरमानों का क्या करें।।

पासबाँ ही राहजनी का सबब बनता चला गया।
अब हम इन बे-गैरत, निगेबानों का क्या करें।।

ना जंग, ना ऐलान, किस को फ़तह कर जीतना है।
रज़ा मन्दी है रकीबों की, इन मैदानों का क्या करें।।

हम सुलह पसंद लोगों की फेहरिस में शामिल हैं।
मुतमईन हैं, अब फितरते पशेमानों का क्या करें।।

मुहब्बत का फ़साना पसंद आ गया है 'प्रेम' सबको।
रकीबों के लिखे, बुने हुए अफसानों का क्या करें।।

वक्त की मार से पुख़्तातर हो गया हूँ

वक्त की मार से पुख़्तातर हो गया हूँ।
ज़खीरा था प्यार का, मुक्तसर हो गया हूँ।।

तराशा गया मुझें कुछ ऐसी शक्ल देकर।
कीमते लग रही मैं कोई जर हो गया हूँ।।

काफ़िले में सभी रहज़न मिले मुसाफ़िर।
सफर लम्बा है मैं भी हमसफर हो गया हूँ।।

'प्रेम' मुझको दुनिया परखती रही उम्र भर।
हालात बदले, मैं साहिबे-नज़र हो गया हूँ।।

पुख़्तातर = परिपक्व, सुदृढ़; साहिबे-नज़र = पारखी;

थोड़ी सी बेफ़िक्री, थोड़ी दिले बेक़रारी चाहिए

थोड़ी सी बेफ़िक्री, थोड़ी दिले बेक़रारी चाहिए।
थोड़ा सा नशा-ए-मुहब्बत की खुमारी चाहिए।।

फनूस बनके रहता है मेरा माँझी आशियाने में।
कोई इश्क की सुलगती सी चिंगारी चाहिए।।

कौन है जो जमाने में मुस्कुराना नहीं चाहता।
चहकते दिलों में खुशियों की बेशुमारी चाहिए।।

'प्रेम' सब खुश रहे, सब अजीजों के साथ रहे।
दुआओं में इक दूसरों पे ऐतबारी चाहिए।।

कोलाहल में तुम हो या मैं, नहीं जानता

कोलाहल में तुम हो या मैं, नहीं जानता।
तिजारत में तुम हो या मैं, नहीं जानता।।

दुआओं का असर बस तुम्हें मिल गया।
इबादत में तुम हो या मैं, नहीं जानता।।

शिकस्ता ज़िन्दगी किस के लिए जीए।
सदाकतों में तुम हो या मैं, नहीं जानता।।

तरकश भी मैं, तीर भी, निशाने भी मुझपे।
हिफाज़त में तुम हो या मैं, नहीं जानता।।

नाज़ भी तेरे, लियाकत भी सभी तुम्हारी।
'प्रेम' अदावत में तुम हो या मैं, नहीं जानता।।

❖❖❖